会話がつづく!
英語トピックスピーキング

松本 茂 監修

Story
② 英語で仕事!編

Z会

はしがき ── Story 2 の刊行にあたり──

　ご好評いただいております『会話がつづく！ 英語トピックスピーキング Story 1 英語ではじめよう！編』につづいて，この度『Story 2 英語で仕事！編』を発行することになりました。

　大学受験の時に勉強して以来，これまで英語を勉強したり，使ったりしてこなかった方が，仕事の関係で急に英語を話す機会が増えて困っているというケースが多いようです。そんな方々のために開発されたのが本書です。

　クライアントとの会話が英語というだけでなく，同僚や部下，それに上司との会話も英語，という職場が増えつつあるようです。

　そうなると，英語で話す状況というのは，オフィスでの通常の会話に加えて，プレゼンテーションとそのあとの質疑応答，問題を報告し改善案を検討する会議，仕入れ業者との交渉，異動してきた者への指示・指導，外国人スタッフの歓迎会，クライアントの接待，上司への報告など，様々な状況が想定されます。

　実は，英語教育の専門家の間でもスピーキングの指導は難しいと言われています。本書では，『速読速聴・英単語』シリーズで培ったノウハウを生かし，「トピック主義」をベースにスピーキング力を重点的に強化します。

　仕事関係の会話によく登場するトピックを厳選し，それに焦点をあて，一つのトピックに 4 ユニットを使って英語で話す力を伸長します。本書に出てくるトピックで，会話がつづくようになります。

　それぞれのトピックを語る上で必要な基本文型と語句を厳選し，まずはモノローグで 1 分間ほど語れるようにします。その上で，自分を語る際に必要な関連語句をその文型に当てはめられるように練習します。

　その後，モノローグの内容をベースに，簡単なやり取りを想定して練習を行い，質問にも答えられるようにします。そして，最後に会話練習で仕上げをします。

　本書を使って一人でも多くの方が，仕事の場面でもたじろがずに会話がつづくようになった，と実感されることを願っております。

松本　茂

CONTENTS

はしがき……………………………………………………………………… 3
本書の構成と活用法………………………………………………………… 6

Topic 1　自己紹介（会社・仕事）

Unit 1　We'll be working together on a big project. ………… 12
　　　　　大きなプロジェクトで一緒に働くことになっています。

Unit 2　We're a young company. ………………………………… 20
　　　　　若い会社です。

Unit 3　I like learning new things and meeting new people. ……… 28
　　　　　私は新しいことを学んだり，新しい人に出会うのが好きなんです。

Unit 4　I'm a family man. ………………………………………… 36
　　　　　私はよき家庭人です。

英語スピーキング講座①　英語から逃げられるのか ……………… 44

Topic 2　会食・イベント

Unit 5　We're planning a welcome party for Mary.…………… 46
　　　　　私たちはメアリーの歓迎会を計画しています。

Unit 6　I tend to butt in too much… ………………………… 54
　　　　　どうも私は口を出しすぎる傾向があるのです…。

Unit 7　You can have a fantastic view from a private room.………… 62
　　　　　個室から素晴らしい眺めを楽しんでいただけます。

Unit 8　I can communicate with people more easily over a beer. … 70
　　　　　ビールを飲みながらの方が，コミュニケーションがよりうまくいくんですよね。

英語スピーキング講座②　なぜ英語で話せないのか ……………… 78

Topic 3　出張・視察

Unit 9　We decided to visit our branch office in Kobe. ………… 80
　　　　　私たちは神戸支社を訪ねることにしました。

Unit 10　The Kobe Distribution Center is well organized. ………… 88
　　　　　神戸の配送センターは非常によく整備されています。

Unit 11 The ultimate goal is to increase customer satisfaction. …… 96
最終目的は，顧客満足度を高めることです。

Unit 12 We can learn more from visiting a historical place. ………… 104
史跡を訪ねる方がより学ぶことがあるのではないかと思います。

英語スピーキング講座③ 英語はツールなのか ……………… 112

Topic 4 会議・打ち合わせ

Unit 13 Let's see if they have come up with anything… …………… 114
何か解決策は見つかったのか聞いてみましょう…。

Unit 14 I have an appointment with our boss, Mr. Brown. ………… 122
上司のブラウンさんと打ち合わせの予定があります。

Unit 15 Singh thinks outside the box. …………………………… 130
シンは既成概念にとらわれずに考えます。

Unit 16 That way, our project might have a shot at succeeding.…… 138
そうすれば，このプロジェクトも成功の可能性があるということです。

英語スピーキング講座④ 表現を丸覚えしてもダメなのか …………… 146

Topic 5 プレゼン

Unit 17 We could be out of business in a few years! ………………… 148
数年後には，倒産もあり得るのですから！

Unit 18 Mary says I don't sound passionate enough. ……………… 156
メアリーは，情熱が伝わらないと言います。

Unit 19 It's important to stay one step ahead of our competitors. … 164
競合他社より一歩先を行くのが重要なのです。

Unit 20 Ms. Rice asked me to meet with her in her office. …………… 172
社長に，部屋に来るようにと言われました。

英語スピーキング講座⑤ 英語が口から出てくるようになるには …… 180

INDEX ……………………………………………………………… 181

本書の構成と活用法

本書は、仕事関係の会話によく登場する5つのトピックから構成されています。各トピックにつき、4 Units が用意されており、ストーリーを楽しく追いながらトピックに関連する表現や語彙を学習することができます。さらに、「話す力」を段階的に高めるため、各 Unit は3つの STEP から構成されています。ここでは、それぞれの STEP を詳しく紹介します。

STEP 1 　Unit で扱うトピックについて、相手に伝えたい内容をモノローグとしてまとめています。まずはこのモデルを、音声ファイルを活用して音読してください。

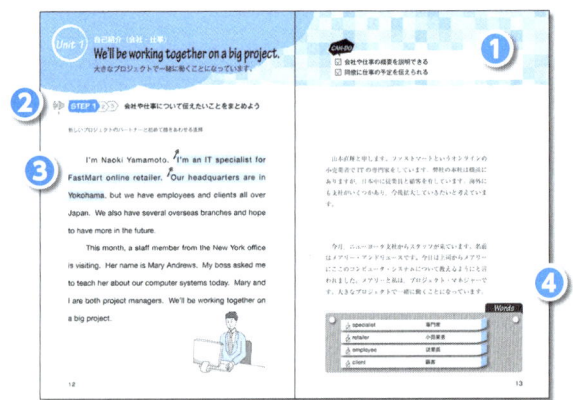

❶ **CAN-DO**：この Unit の学習の目標がまとめられています。学習を始める前に確認しましょう。

❷ **音声ファイル番号**：STEP 1 と STEP 3 はナチュラルスピード、STEP 2 はややゆっくりめのスピードで録音してあります。（音声のダウンロード方法については、p.8 で詳しく説明しています）

❸ **英文**：STEP 1 の英文は 70 ～ 100 語程度の英語で書かれています。音声ファイルも活用しながら、何度も繰り返し音読しましょう。

❹ **Words**：英文中に登場する、意味を確認しておきたい重要単語を取り上げています。
（Words は STEP 2、STEP 3 にも登場します）

本書の構成と活用法

STEP 1 では，1つの Unit につき2つの文を Key Phrase として取り上げています。表現についての解説のほかに，Topic Words のコーナーではトピックに関連した語句をあわせて学習することができます。

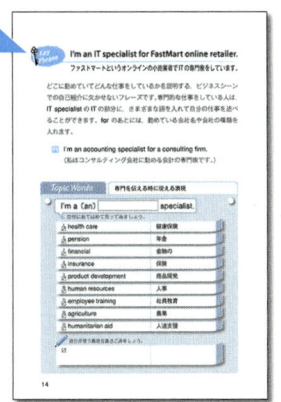

空所のある例文が与えられている場合は，空所に下の単語を当てはめながら表現を学びましょう。一番下にはあなた自身にあてはまる単語を書き込める欄を設けています。辞書などを参考に，自分自身のことが話せるようになる語句のストックを増やしていきましょう！

STEP 2 STEP 1 でまとめた内容を，一問一答の短い対話で練習しましょう。STEP 1 のモノローグに基づき質問に答える力をつけます。

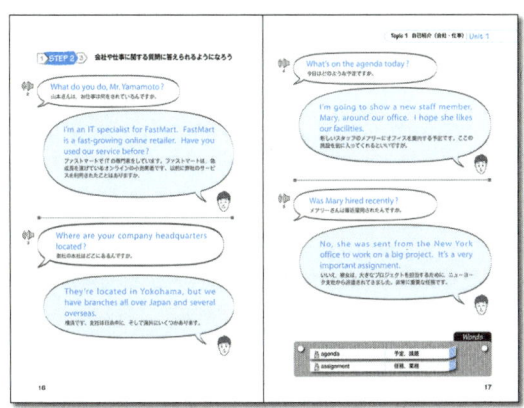

STEP 3 STEP 3 はモデル会話です。音声ファイルを活用して声に出して何度も練習をしましょう。できれば誰かに練習相手になってもらってください。そのあとは，自分に合うように会話の語句を変えて発展的な練習をするとよいでしょう。

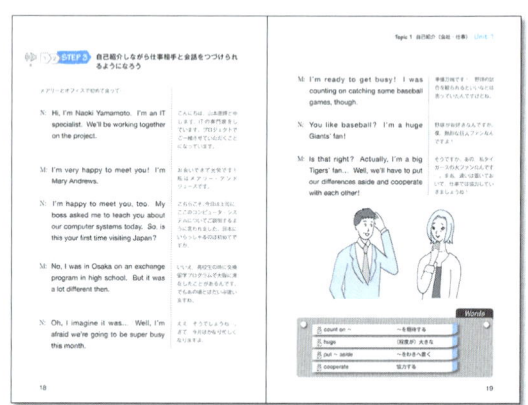

音声ファイルについて

以下の URL から，各 STEP の音声ファイル（mp3）をダウンロードすることができます。音声ファイル番号は，のマークで確認することができます。

『トピックスピーキング』特設サイト
http://www.zkai.co.jp/books/topics/

※ダウンロードにはユーザー登録が必要です。

主な登場人物

この書籍は，以下の3名を中心にストーリーが展開されます。登場人物の心の変化や成長にも注目しながら，楽しく学習してください。

山本直輝
家族と歴史を愛する46歳。同僚たちと共に大きなプロジェクトに取り組んでいる。

Mary Andrews（メアリー）
直輝と同じプロジェクトに参加するためにニューヨーク支社からやってきた。

Singh（シン）
直輝の部下。一見お調子者だが，実は国内屈指のプログラマー。

本書の構成と活用法

『トピックスピーキング』を使ったスピーキングレッスンが開講！

本書と音声ファイルで学んだら，実際に使ってみると英語スピーキング力がさらにアップします。「本書で学んだことをもとに，実際に英語で話してみたい」という方に向けて，本シリーズに対応したスピーキングのレッスンを以下の2カ所で開講しています。

教室で ネイティブとのリアルなコミュニケーションを楽しもう！

シェーン英会話にて，オリジナル教材を使用した，本シリーズに関連するトピックのネイティブ講師によるスピーキングレッスンを開講中です（Story 1 開講中）。
実施教室・授業の日時などの詳細については，『トピックスピーキング』特設サイトにてご確認ください。

オンラインで スピーキングは「私が話したいこと」で学ぼう！

Best Teacher（ベストティーチャー）にて，本書に対応したオンラインでのレッスンを開講中です。Best Teacher では，まずライティングレッスンにより，自分だけのスクリプトを作り上げてから，その会話文をもとにスピーキングレッスンを行います。
（書籍購入者かつ Best Teacher 有料会員の限定サービスです。お申し込みには，キャンペーンコード **btzcb** を入力してください。※コード入力期限：2015年5月11日まで）

ライティングレッスン イメージ▶

Best Teacher　http://www.best-teacher-inc.com/
　　　　お問い合わせ：http://www.best-teacher-inc.com/company/inquiry

各レッスンの詳細は　『トピックスピーキング』特設サイト
　　　　　http://www.zkai.co.jp/books/topics/
　　　　　　　　　※サイトのご利用にはユーザー登録が必要です。

『トピックスピーキング Story 2』 CAN-DO 一覧

各 Unit を学ぶことで英語で何ができるようになるのかという,「学習成果」を想定・設定してあります。ほぼできるようになったと思ったら, ☑にチェックしましょう。

Unit 1	☑仕事や会社の概要を説明できる	☑同僚に仕事の予定を伝えられる
Unit 2	☑自社の歴史や事業内容を説明できる	☑社内の設備を説明できる
Unit 3	☑会社の制度や職歴について説明できる	☑仕事への思いや価値観について語ることができる
Unit 4	☑家族のことを説明できる	☑家族に対する心情を語ることができる
Unit 5	☑会社でのイベントについて相談できる	☑食事会の場所を提案できる
Unit 6	☑同僚の長所を描写できる	☑スピーチ原稿について助言できる
Unit 7	☑歓迎会の店の料理について説明できる	☑相手の知らない料理を説明したり, 好みを聞くことができる
Unit 8	☑アルコール飲料の種類や原料を説明できる	☑自分がよく飲むものについて説明できる
Unit 9	☑仕事の問題点について話し合うことができる	☑問題の解決策を話し合うことができる
Unit 10	☑施設の特徴について説明できる	☑視察の結果を現在のプロジェクトに関連づけて語ることができる
Unit 11	☑プロジェクトの概要を端的に説明できる	☑プロジェクトへの協力を仰ぐことができる
Unit 12	☑相手の知らない観光地について説明できる	☑自分の好きな観光スポットの魅力を人に伝えられる
Unit 13	☑打ち合わせの内容をまとめられる	☑相手の状況や検討結果を聞き出せる
Unit 14	☑プロジェクトの問題点を上司に報告できる	☑問題を解決するためのアクションを上司に提案できる
Unit 15	☑問題点を整理して解決に向けた選択肢を提示できる	☑部下に対して, 問題解決のための指示を出せる
Unit 16	☑部下との検討結果を要約できる	☑部下からの提案に対して懸念点を指摘できる
Unit 17	☑プレゼンに必要な資料について相談できる	☑プレゼンに対する質問を想定して内容を相談できる
Unit 18	☑プレゼンに臨む意気込みを語ることができる	☑プレゼンの際の注意点についてアドバイスを求められる
Unit 19	☑プレゼンで伝えたいことを端的にまとめられる	☑プレゼン後の質問に的確に答えられる
Unit 20	☑プレゼンでの提案の採否について説明できる	☑仕事についての思いを熱意をもって伝えられる

Topic 1

自己紹介(会社・仕事)

Unit 1

自己紹介（会社・仕事）

We'll be working together on a big project.

大きなプロジェクトで一緒に働くことになっています。

STEP 1 会社や仕事について伝えたいことをまとめよう

新しいプロジェクトのパートナーと初めて顔をあわせる直輝

I'm Naoki Yamamoto. I'm an IT specialist for FastMart online retailer. Our headquarters are in Yokohama, but we have employees and clients all over Japan. We also have several overseas branches and hope to have more in the future.

This month, a staff member from the New York office is visiting. Her name is Mary Andrews. My boss asked me to teach her about our computer systems today. Mary and I are both project managers. We'll be working together on a big project.

☑ 会社や仕事の概要を説明できる
☑ 同僚に仕事の予定を伝えられる

　山本直輝と申します。ファストマートというオンラインの小売業者でITの専門家をしています。弊社の本社は横浜にありますが，日本中に従業員と顧客を有しています。海外にも支社がいくつかあり，今後拡大していきたいと考えています。

　今月，ニューヨーク支社からスタッフが来ています。名前はメアリー・アンドリュースです。今日は上司からメアリーにここのコンピュータ・システムについて教えるようにと言われました。メアリーと私は，プロジェクト・マネジャーです。大きなプロジェクトで一緒に働くことになっています。

Words

1	specialist	専門家
2	retailer	小売業者
3	employee	従業員
4	client	顧客

Key Phrase: I'm an IT specialist for FastMart online retailer.

ファストマートというオンラインの小売業者でITの専門家をしています。

どこに勤めていてどんな仕事をしているかを説明する，ビジネスシーンでの自己紹介に欠かせないフレーズです。専門的な仕事をしている人は，IT specialist の IT の部分に，さまざまな語を入れて自分の仕事を述べることができます。for のあとには，勤めている会社名や会社の種類を入れます。

例 I'm an accounting specialist for a consulting firm.
（私はコンサルティング会社に勤める会計の専門家です。）

Topic Words　専門を伝える時に使える表現

I'm a 〔an〕 _____ specialist.
空所にあてはめて言ってみましょう。

5 health care	健康保険
6 pension	年金
7 financial	金融の
8 insurance	保険
9 product development	商品開発
10 human resources	人事
11 employee training	社員教育
12 agriculture	農業
13 humanitarian aid	人道支援

自分が使う表現を書きこみましょう。

Topic 1 自己紹介（会社・仕事） Unit 1

Our headquarters are in Yokohama.

弊社の本社は横浜にあります。

本社の所在地を紹介する表現です。「本社，本部，司令部」などの意味をもつ headquarters は，基本的には複数形で使うと覚えておいてください。headquarters を受ける動詞は，場合によっては単数形にもなります。headquarter は「本社〔本部〕を置く」という意味の動詞としても使われます。「本社」以外にも，会社の施設を表す表現を紹介しておきます。

Topic Words — 会社の施設を表す表現

#	英語	日本語
14	branch (office)	支社
15	factory	工場
16	laboratory	研究所
17	local office	出張所
18	operational headquarters	事業本部
19	training center〔institute〕	研修所
20	operations center	オペレーションセンター
21	call center	コールセンター
22	customer service center	顧客サービスセンター
23	flagship shop〔store〕	旗艦店

自分が使う表現を書きこみましょう。

1 STEP 2 3 会社や仕事に関する質問に答えられるようになろう

What do you do, Mr. Yamamoto?
山本さんは，お仕事は何をされているんですか。

I'm an IT specialist for FastMart. FastMart is a fast-growing online retailer. Have you used our service before?
ファストマートでITの専門家をしています。ファストマートは，急成長を遂げているオンラインの小売業者です。以前に弊社のサービスを利用されたことはありますか。

Where are your company headquarters located?
御社の本社はどこにあるんですか。

They're located in Yokohama, but we have branches all over Japan and several overseas.
横浜です。支社は日本中に，そして海外にいくつかあります。

Topic 1 自己紹介（会社・仕事） | Unit 1

What's on the agenda today?
今日はどのような予定ですか。

I'm going to show a new staff member, Mary, around our office. I hope she likes our facilities.
新しいスタッフのメアリーにオフィスを案内する予定です。ここの施設を気に入ってくれるといいですが。

Was Mary hired recently?
メアリーさんは最近雇用されたんですか。

No, she was sent from the New York office to work on a big project. It's a very important assignment.
いいえ、彼女は、大きなプロジェクトを担当するために、ニューヨーク支社から派遣されてきました。非常に重要な任務です。

Words

24	agenda	予定，議題
25	assignment	任務，業務

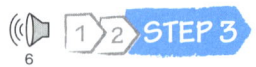 **STEP 3** 自己紹介しながら仕事相手と会話をつづけられるようになろう

メアリーとオフィスで初めて会って…

N: Hi, I'm Naoki Yamamoto. I'm an IT specialist. We'll be working together on the project.

こんにちは。山本直輝と申します。IT の専門家をしています。プロジェクトでご一緒させていただくことになっています。

M: I'm very happy to meet you! I'm Mary Andrews.

お会いできて光栄です！私はメアリー・アンドリュースです。

N: I'm happy to meet you, too. My boss asked me to teach you about our computer systems today. So, is this your first time visiting Japan？

こちらこそ。今日は上司に、ここのコンピュータ・システムについてご説明するように言われました。日本にいらっしゃるのは初めてですか。

M: No, I was in Osaka on an exchange program in high school. But it was a lot different then.

いいえ、高校生の時に交換留学プログラムで大阪に滞在したことがあるんです。でもあの頃とはだいぶ違いますね。

N: Oh, I imagine it was… Well, I'm afraid we're going to be super busy this month.

ええ、そうでしょうね…。さて、今月はかなり忙しくなりますよ。

Topic 1 自己紹介（会社・仕事） Unit 1

M: I'm ready to get busy! I was counting on catching some baseball games, though.

準備万端です！ 野球の試合を観られるといいなとは思っていたんですけどね。

N: You like baseball? I'm a huge Giants' fan!

野球がお好きなんですか。僕，熱烈な巨人ファンなんですよ！

M: Is that right? Actually, I'm a big Tigers' fan... Well, we'll have to put our differences aside and cooperate with each other!

そうですか。あの，私タイガースの大ファンなんです…。まあ，違いは置いておいて，仕事では協力していきましょうね！

Words

26 count on ~	～を期待する
27 huge	（程度が）大きな
28 put ~ aside	～をわきへ置く
29 cooperate	協力する

Unit 2

自己紹介（会社・仕事）

We're a young company.

若い会社です。

STEP 1 ②③ 会社の歴史や事業内容について伝えたいことをまとめよう

直輝とメアリーが勤めるファストマートは，成長著しい若い会社

FastMart started in April of 2009 in Yokohama. We're a young company. At first we sold only electronic goods, but now we sell all kinds of products.

We just moved into our new headquarters last year. We recently replaced all of our computers, too. The new computers are twice as fast as the old ones. Our project includes creating a new website in both English and Japanese, and upgrading all of our computer systems. If we want to be on top, it's important to stay up-to-date.

- ☑ 自社の歴史や事業内容を説明できる
- ☑ 社内の設備を説明できる

　ファストマートは，2009年4月に横浜で創業しました。若い会社です。当初は電化製品のみを販売していたのですが，現在ではあらゆる製品を取り扱っています。

　昨年，新しい本社に移転したばかりです。先日すべてのコンピュータも新しくしました。新しいものは，古いものの2倍の速さで動作します。今回のプロジェクトでは，日英両方のウェブサイトを一新し，すべてのシステムをアップグレードします。トップになるためには，最新の状態に保つことが大切だと考えています。

Words

30 electronic goods	電化製品
31 replace	〜を交換する
32 twice as fast as 〜	〜の2倍速い
33 include	〜を含む
34 up-to-date	最新式の

FastMart started in April of 2009 in Yokohama.

ファストマートは，2009年4月に横浜で創業しました。

新しい取引先や顧客に対して，会社の概要を説明する機会があるかと思います。そんな時に使える表現です。おなじみの start という動詞ですが，ここでは「創業する」という意味で使われています。in のあとには，会社が始まった年や月などを入れます。季節を入れる場合には，in summer of 2009 のように言います。場所についても，in のあとに入れましょう。以下に，企業の事業展開に関する表現をいくつか紹介します。

Topic Words　事業展開について話す時に使える表現

35 launch	～（事業など）を立ち上げる
36 enter (go, get) into ～	～に参入する
37 specialize in ～	～を専門としている
38 merge with ～	～と合併する
39 tie up with ～	～と提携する
40 spin off ～ into ...	～（社内の部門など）を…に分割する
41 establish a joint company	合弁会社を設立する

自分が使う表現を書きこみましょう。

Topic 1 自己紹介（会社・仕事） Unit 2

We're a young company.

若い会社です。

young という形容詞が人に対して「若い」という意味で使われるのはご存じだと思いますが，ここにあるように「会社などの組織の歴史が浅い」と言いたい時や，「果実が熟していない，植物が若い」と言いたい時などにも使えます。

例 We bought a young olive tree today.
（今日オリーブの若木を買いました。）

young 以外にも，英語で会社を説明する際に活用できる形容詞を挙げておきます。

Topic Words　会社について説明する時に使える表現

We are a (an) _____ company.
空所にあてはめて言ってみましょう。

42 old	古い，歴史のある
43 long-established	長い歴史をもつ
44 time-honored	老舗の
45 well-known	知られている
46 leading	主要な，大手の，一流の
47 fast-growing	急成長している

自分が使う表現を書きこみましょう。

23

 **STEP 2** 会社の歴史や事業内容に関する質問に答えられるようになろう

When did Fastmart start?
ファストマートはいつ創業したのですか。

It started in April of 2009. We're still working hard to beat our competitors.
2009年の4月です。競合他社に勝つために，なおがんばっているところです。

Where did the company start?
ファストマートはどこで始まったのですか。

It started in Yokohama, where I work. But, I'm secretly hoping I get to visit the Seattle office this year. I want to see the Seattle Mariners play live!

今の勤務地でもある横浜です。でも，今年はシアトル支社に行く機会があるといいなとひそかに願ってるんですけどね。シアトル・マリナーズの試合を生で観たいんですよ！

Topic 1 自己紹介（会社・仕事） | Unit 2

What kind of products did Fastmart sell when it started?

ファストマートが創業した時は，どういった製品を売っていたのですか。

At first, we sold only electronic goods, but now we sell all kinds of products.

はじめは電化製品のみを販売していました。今ではあらゆる製品を取り扱っています。

When did you move into the new offices?

新しいオフィスにはいつ移転したのですか。

Almost six months ago. It took some time to get used to the new surroundings, but now we're very comfortable.

およそ半年前です。新しい環境に慣れるのに少し時間がかかりましたが，今ではとても快適です。

Words

48 get used to ~	~に慣れる
49 comfortable	快適な

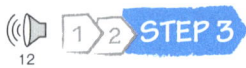 **STEP 3** 会社の歴史や施設について説明しながら会話をつづけられるようになろう

日本でのメアリーの仕事もいよいよ本格始動

N: Good morning, Mary. I hope you rested well.

おはよう，メアリー。よく休めましたか。

M: Yes, thank you. What's on the agenda for today?

ええ。ありがとう。今日の予定は？

N: Well, first, I'd like to show you our server room. Please come with me.

ええと，まずサーバ室に案内します。一緒に来てください。

メアリーをサーバ室へと案内する直輝

M: I'm very impressed with this building. Everything is so modern. We started in 2009, right?

この建物は素晴らしいですね。すべてがとても近代的で。創業は 2009 年だったわよね？

N: Yes. We just moved from the old building last year. Here we are!

はい。前のところから去年移転してきたばかりなんですよ。さあどうぞ！

M: Wow! Amazing!

わあ！ すごい！

Topic 1 自己紹介（会社・仕事） | Unit 2

N: Yes. The new computers are twice as fast as the old ones. It's important to stay up-to-date.

ええ。新しいコンピュータは，古いものの2倍の速さで動作します。最新の状態にしておくことが大切ですからね。

M: Right. So, we have the servers and computer systems ready for our project!

そうね。さあ，サーバもコンピュータ・システムも整って，プロジェクトの準備はばっちりね！

Words

50	rest	休む
51	be impressed with ～	～に感銘を受ける
52	modern	現代的な

Unit 3 自己紹介(会社・仕事)

I like learning new things and meeting new people.

私は新しいことを学んだり,新しい人に出会うのが好きなんです。

STEP 1 〉2〉3〉 会社の制度や職歴について伝えたいことをまとめよう

転職後,ファストマートで活躍する直輝
「英語公用語化」にも積極的に取り組んでいる

In the past, most Japanese people worked for one company until they retired. Nowadays, people change jobs from time to time. I used to work for a cell phone company. When FastMart started, I was offered a job. I was a little scared, but I decided to make the change.

Last year, our company began an "English-only" policy. English wasn't my best subject in school, but I've been working hard, and I'm getting better. Besides, I like learning new things and meeting new people.

- ☑ 会社の制度や職歴について説明できる
- ☑ 仕事への思いや価値観について語ることができる

　かつては，日本人のほとんどは定年を迎えるまで一つの会社で働き続けました。最近では，時々転職をする人もいます。私も以前は携帯電話の会社に勤めていました。ファストマートが創業した際に，仕事のオファーをもらいました。少し怖い気持ちはありましたが，転職を決意しました。

　昨年,我が社では「英語公用語化」の制度が始まりました。学生時代，英語は得意科目ではありませんでしたが，一生懸命勉強をして，上達してきています。それに，私は新しいことを学んだり，新しい人に出会うのが好きなんです。

Words

53 retire	退職する
54 used to ...	かつては…したものだった
55 scared	怖がって
56 policy	政策，方針
57 besides	その上

Nowadays, people change jobs from time to time.

最近では，時々転職をする人もいます。

change jobs で「仕事を変える，転職をする」という意味です。この表現においては，job が jobs と必ず複数形になることに注意しましょう。from time to time は，「時々，随時」という意味です。sometimes よりも若干不規則で，間隔が離れているニュアンスがあります。

例 Ken changed jobs again after he had a big argument with his boss.
（上司と口論になったあと，ケンはまたしても転職をした。）

「〜の業界で働いています〔働いていました〕」と，自分が働く業界やかつて働いていた業界を述べる時には，I'm〔I was〕in the 〜 business〔industry〕. という表現で言い表すことができます。

Topic Words　勤めている業界を伝える時に使える表現

I'm in the _____ .

空所にあてはめて言ってみましょう。

58 wholesale business	卸業者
59 real estate business	不動産業
60 finance business	金融業
61 banking business	銀行業
62 manufacturing business	製造業
63 insurance business	保険業

自分が使う表現を書きこみましょう。

Topic 1 自己紹介（会社・仕事） Unit 3

I was offered a job.

仕事のオファーをもらいました。

offer は「〜を申し出る, 〜を提供する」という意味をもつ動詞です。「オファー」というカタカナ語として, 日本語でも使われるようになってきていますね。ここでは, 受け身の形で was offered a job（仕事をオファーされた）と言っています。さて,「仕事」という意味をもつ単語は多くあります。類義語をいくつかご紹介します。使い分けは難しいですが, いろいろな文章に触れて感覚的に理解できるようになることを目指しましょう。

Topic Words 「仕事」という意味を表す表現

64 work	仕事（最も幅広い意味をもつ）, 職業
65 occupation	職業
66 career	仕事, 職業
67 business	事業, 商売, 仕事
68 labor	労働, 仕事
69 profession	（専門的な）職業, 仕事
70 task	仕事, 任務
71 vocation	仕事（必ずしも営利を求めない）

自分が使う表現を書きこみましょう。

1 **STEP 2** 3

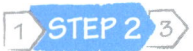

会社の制度や職歴に関する質問に答えられるようになろう

14

Do Japanese people work for one company their whole lives?

日本人は生涯同じ会社で働くのですか。

A lot of people did in the past. But we change jobs nowadays, especially young people.

かつてはそういう人が多かったですね。でも最近は，特に若い人は転職をします。

15

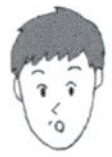

Have you ever changed jobs?

これまでに転職をしたことはありますか。

Yes, I used to work for a cell phone company. It took a lot of courage to leave my previous job and start a new career.

はい，以前は携帯電話の会社で働いていました。前職を辞め，新しいキャリアを始めるのはすごく勇気がいりましたよ。

Words

72	courage	勇気

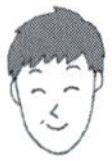

Topic 1 自己紹介（会社・仕事） | Unit 3

Does your company have an "English-only" policy?

御社では「英語公用語化」の制度は実施されていますか。

Yes. It started last year. It isn't an easy adjustment, but I'm doing my best. So are my colleagues.

ええ，去年始まったんです。簡単には適応できませんが，がんばっているところです。同僚たちも同様です。

Is your English getting better?

英語は上達していますか。

I think so. English wasn't my best subject in school. But just like they say, practice makes perfect.

上達していると思います。英語は得意な科目ではなかったんですけどね。でも，習うより慣れろって言うじゃないですか。

 Words

| 73 adjustment | 適応，適合 |

STEP 3　職歴について会話をつづけられるようになろう

社内にある食堂でランチをとっている直輝とメアリー

M: Even the staff members in the cafeteria speak English here. That's remarkable.

ここでは食堂のスタッフまで英語を話すのね。大したものね。

N: Last year, our company began an "English-only" policy. We've been working hard and we're getting better.

昨年，我が社で「英語公用語化」の制度が始まったんですよ。みんな一生懸命勉強して，上達してきています。

M: Your English is very good. So, what did you do before you came to work here?

直輝の英語はすごく上手よ。ところで，直輝はここで働く前は何をしていたの？

Topic 1 自己紹介（会社・仕事） **Unit 3**

N: I used to work for a cell phone company. When FastMart started, I was offered a job. I was a little scared, but I decided to make the change. What about you?

以前は携帯電話の会社に勤めていました。ファストマートが創業した際に，仕事のオファーをいただいたんです。少し怖かったですけど，転職を決意しました。メアリーは？

M: I've worked for five companies since I graduated from college.

私は大学を卒業してから，5社に勤めたわ。

N: Wow! That's a lot!

ええ！そんなにたくさん！

M: That's pretty average in the U.S. Are you glad you made the change?

アメリカではごく平均ってところね。転職してよかったと思ってる？

N: Yes. FastMart is a great company. And I like learning new things and meeting new people. I'm really excited about our project, too!

ええ。ファストマートは素晴らしい会社ですよ。それに，私は新しいことを学んだり，新しい人に出会うのが好きですから。今回のプロジェクトも楽しみにしてるんですよ！

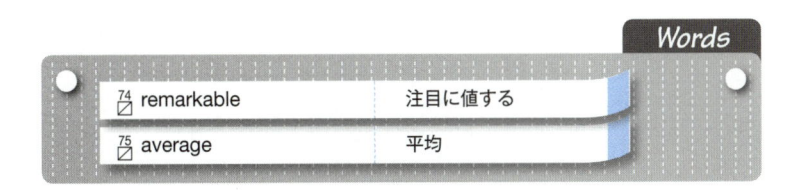

Words

| 74 remarkable | 注目に値する |
| 75 average | 平均 |

Unit 4 自己紹介（会社・仕事）
I'm a family man.

私はよき家庭人です。

STEP 1　仕事相手に家族について語る際に伝えたいことをまとめよう

直輝にとってかけがえのない大切な家族
子どもたちはだんだんと年頃を迎え…

I'm a family man. My wife, Etsuko, and I have two children — Yumi and Makoto. Our daughter is 18 years old, and our son is 13. My wife works as a paralegal for a global law firm.

Yumi is a very independent girl. She's majoring in music at university, and she wants to study in the U.S. this summer. My wife insists we should let her go abroad, but I worry about her being on her own so far away from home.

> CAN-DO
> ☑ 家族のことを説明できる
> ☑ 家族に対する心情を語ることができる

　私はよき家庭人です。妻の悦子と私には，由美と誠，二人の子どもがいます。娘は 18 歳で，息子は 13 歳です。妻はパラリーガルとして，国際的な法律事務所で働いています。

　由美は独立心旺盛な女の子です。大学では音楽を専攻していて，この夏，アメリカで勉強することを希望しています。妻は，海外に行かせるべきだと言いますが，私は，遠く離れたところに娘を一人でやるのが心配なんです。

Words

76	paralegal	パラリーガル（弁護士の助手）
77	law firm	法律事務所
78	independent	自主性のある
79	major in ~	~を専攻する

Key Phrase: I'm a family man.

私はよき家庭人です。

family man は，親戚なども含め「ファミリー」というものを大切にする男性を指します。日本語の「マイホームパパ」よりも若干広い意味をもつかもしれません。直輝は家族を大切にし，娘を溺愛する父親のようですね。職場での雑談で，家族のことはよく話題にのぼりますね。子ども同士の年齢が近かったりすると，相手との距離もぐんと縮まることでしょう。ここでは，「自分がどういう親なのか」を言い表す形容詞をいくつか学びましょう。

Topic Words: 自分がどんな親か伝える時に使える表現

I'm a (an) _____ parent.

空所にあてはめて言ってみましょう。

80 doting	溺愛している
81 devoted	愛情の深い
82 loving	愛情あふれる
83 demanding	要求の厳しい
84 strict	厳しい
85 indulgent	甘い（必ずしもよい意味でない）
86 concerned	心配性な

自分が使う表現を書きこみましょう。

Topic 1 自己紹介（会社・仕事） | Unit 4

Key Phrase: Yumi is a very independent girl.

由美は独立心旺盛な女の子です。

直輝は「独立した，自主性のある」という意味をもつ independent という語で娘のことを形容しています。親にとっては頼もしくもあり，寂しくもあるような娘さんですね。英語では，身内であっても積極的に人をほめる傾向があります。恥ずかしがらずに人をほめられるように，good や nice にとどまらない，少しレベルの高い形容詞を挙げておきます。

Topic Words — 人をほめる時に使える表現

87	intellectual	知性のある
88	sensible	ものわかりのよい，聡明な
89	self-sufficient	自分のことを自分でできる
90	sophisticated	洗練された
91	affectionate	愛情深い
92	considerate	思慮深い
93	decent	立派な，きちんとした
94	broad-minded	心の広い，寛大な
95	ambitious	野心的な

自分が使う表現を書きこみましょう。

STEP 2

仕事相手に家族について語る際に，質問に答えられるようになろう

Do you have any children?
お子さんはいらっしゃるんですか。

Yes. I'm a family man. I have a daughter and a son. They are my first priority.
はい。よき家庭人なんですよ。娘と息子が一人ずついます。子どもたちは私にとって一番大切です。

How old are they?
お子さんたちはおいくつなんですか。

They are 18 and 13. They're at such difficult ages. You know how teenagers are.
18歳と13歳です。難しい年頃ですよ。10代の子どもがどんなふうか，おわかりになるでしょう。

Words

| priority | 優先度の高いもの |

Topic 1 自己紹介（会社・仕事） | Unit 4

What's your daughter like?

お嬢さんはどんな子ですか。

Yumi is a very independent girl. I'm proud of her, but I always worry about her. Maybe I'm just overprotective of my little girl.

由美は独立心旺盛な女の子です。誇りに思うと同時に，いつも心配なんですよ。かわいい娘に対して過保護になってるだけかもしれませんけどね。

What's she majoring in at college?

お嬢さんは大学で何を専攻されているんですか。

She's majoring in music. She wants to study abroad. It'll be a big challenge for her, and an even bigger one for me to let her go.

音楽です。娘は留学したがっているんです。娘にとって大きな挑戦になるでしょうけど，娘を手放す私にとっては，さらに大変な挑戦になりそうです。

Words

| 97 | overprotective | 過保護な |

STEP 3　お互いの家族の話をしながら会話をつづけられるようになろう

私用の電話に出るために席を離れていたメアリーが戻る

N: Is everything OK?

大丈夫ですか。

M: Oh, yes. That was my daughter calling from America. I'm a single mother, so my parents take care of her while I'm away. Do you have any kids?

あ，ええ。娘がアメリカから電話してきたの。私シングルマザーだから，家を離れる時は両親が娘をみてくれるのよ。直輝はお子さんいるの？

N: Yes, I have two children. My daughter is 18 years old, and my son is 13.

ええ，2人います。18歳の娘と13歳の息子です。

M: Your daughter is the same age as mine! What's she like?

お嬢さんはうちの娘と同い年ね！　どんな子なの？

N: She's a very independent girl. She's majoring in music at university, and she wants to study in the U.S. this summer.

独立心旺盛な女の子ですよ。大学では音楽を専攻していて，この夏アメリカで勉強したいって言ってるんです。

M: That could be a great experience for her.

それは娘さんにとっていい経験になるわね。

N: Well... I just worry about her being on her own so far away from home. My wife studied in the U.S. when she was young, so she insists we should let her go.

うーん…私は家から遠く離れたところに娘を一人でやるのが心配なんですよ。妻は若い頃にアメリカで勉強したので，娘を行かせるべきだって言うんですけどね。

M: Your wife knows best, then. I think you should listen to her!

それなら奥さんが一番よくわかってるじゃない。奥さんの言うことを聞くべきね！

Words

| 98 | take care of ~ | ~の面倒をみる |
| 99 | experience | 経験 |

英語スピーキング講座 ①

英語から逃げられるのか

　できれば英語を使わずに定年まで過ごしたいと思っている方も多いことでしょう。たしかに，外国語である英語で仕事をすると，仕事の能率が落ち，情報の収集や伝達に正確さが欠けることもあるでしょう。そして，交渉や会議では自分の意見を受け入れてもらえない確率が高くなるなど，コミュニケーション（という関係性）において不利になることが珍しくありません。

　それでも，英語を使わなければならない状況は，今後増えることはあっても，減ることはないでしょう。

　現在大学生である年代の人たちが会社の役員になっているであろう2050年までに日本の人口は数千万人規模で減少し，超高齢化社会になり，GDPは現在の世界3位から6位まで落ち込むとも言われています。

　となれば，今まで以上に外国で商品を売る戦略を立てずにはいられませんし，そうなれば，外国で生産した方がコストを低く抑えられるケースも多いはずです。さらに，社員も日本人だけというわけにはいかなくなります。

　というわけで，ビジネスの世界では，すでに企業語となっている英語から逃れることは難しいようです。「そんなことなら，故郷へ帰って農業でもやるか」とお考えのあなたへ…。現在でも野菜の収穫は，フィリピンなどからの多くの東南アジアの実習生に頼っているのをご存知ですか。どこへ行っても英語からは逃れられなくなっています。もう覚悟を決めるしかないのでは…。

Topic 2

会食・イベント

Unit 5　会食・イベント
We're planning a welcome party for Mary.
私たちはメアリーの歓迎会を計画しています。

STEP 1　2　3　歓迎会の準備について伝えたいことをまとめよう

直輝と同僚のシンがメアリーの歓迎会について計画を練っている

We're planning a welcome party for Mary. Everybody in the IT section is invited — including our boss, Mr. Brown. We're also inviting the head of the Yokohama office.

My co-worker, Singh, and I are making the arrangements. He thinks we should go to a wine bar. I think that's too casual. Our boss suggested a traditional Japanese restaurant. That might be good. I'm thinking maybe a tofu restaurant. I hear tofu is popular among Americans these days.

CAN-DO
- ☑ 会社でのイベントについて相談できる
- ☑ 食事会の場所を提案できる

　私たちはメアリーの歓迎会を計画しています。上司のブラウンさんを含む，IT 部門の全員を招待しています。横浜本社のトップも招いています。

　同僚のシンと私で手配をしています。シンはワインバーに行ってはどうかと言っていますが，それだとカジュアルすぎると思います。上司は，伝統的な日本料理の店を勧めました。それもいいかもしれません。私は豆腐料理の店を考えています。最近アメリカ人の間で豆腐が人気だと聞いていますから。

Words

100	invite	～を招待する
101	co-worker	同僚
102	casual	カジュアルな
103	suggest	～を提案する〔勧める〕
104	traditional	伝統的な
105	these days	この頃，近頃は

Key Phrase: We're planning a welcome party for Mary.

私たちはメアリーの歓迎会を計画しています。

plan 〜 for ...で「…のための〜を計画する」という意味です。ここでは are planning と進行形の形になっています。会社のイベントや会合などを計画するという時に使える表現です。もちろん，プライベートでパーティやデートを計画する際などにも使えます。以下に，会社で行うイベントなどの語彙を紹介します。plan と組み合わせて覚えておきましょう。

例 I'm planning a surprise birthday party for John.
（ジョンにサプライズで誕生会を計画してるんだ。）

Topic Words　会社で行うイベントなどを表す表現

We're planning a〔an〕_____.
空所にあてはめて言ってみましょう。

106 exhibition	展示会
107 trade fair	見本市
108 tasting event	試飲会，試食会
109 workshop	研修会
110 fund-raising event	募金イベント
111 charity event	チャリティイベント
112 shareholders' meeting	株主総会
113 golf competition	ゴルフコンペ

自分が使う表現を書きこみましょう。

Topic 2 会食・イベント | Unit 5

Key Phrase

My co-worker, Singh, and I are making the arrangements.

同僚のシンと私で手配をしています。

make arrangements for ~ で「~の手配をする，~の準備をする」の意味です。手配に関わるさまざまなことを含むので，arrangement は基本的には複数形になると覚えておいてください。Key Phrase の文では，具体的にどういった手配をするかがわかっているので，the がついています。人に手配を頼む場合には以下のように言います。

例 Could you make arrangements for my trip next week?
（来週の出張の手配をお願いできますか。）

Topic Words 「~を手配する」という時に使える表現

I'm making arrangements for a (the, my) _____.

空所にあてはめて言ってみましょう。

114 meeting	会議，打ち合わせ
115 conference	会議
116 conference call	電話会議
117 contract	契約書
118 presentation	プレゼン
119 relocation	移転

自分が使う表現を書きこみましょう。

STEP 2　歓迎会に関する質問に答えられるようになろう

Who's coming to the welcome party?
歓迎会にはどなたが来るんですか。

Everyone in the IT section is coming, including our boss and the head of the Yokohama office. We definitely can't take them to our usual izakaya…
IT部門の全員と，我々の上司，それから横浜本社のトップも来るんです。いつもの飲み屋には連れていけないな…。

Who's making the arrangements for the party?
どなたが歓迎会の手配をしていますか。

My colleague Singh and I are making the arrangements. It's kind of fun to plan a party!
同僚のシンと私で手配しています。パーティの計画をするのって，結構楽しいですね！

Words

120 definitely	（否定文で）決して
121 colleague	同僚
122 kind of	ある程度，ちょっと

Topic 2 会食・イベント | Unit 5

Where are you having the welcome party?

歓迎会はどこで行うんですか。

We haven't decided yet. But someplace with great food would be good. I want to see people's happy faces, especially Mary's!

まだ決めていません。でも食事がおいしい店がいいですね。みんなの、特にメアリーの喜ぶ顔が見たいですね！

Where does Singh think you should have the party?

シンはどこで歓迎会を行うべきだと考えていますか。

He thinks we should go to a wine bar. But I think it's too casual. I prefer a restaurant with a private room.

ワインバーです。でもそれじゃあカジュアルすぎますよね。私は個室がある店がいいなと思ってるんですが。

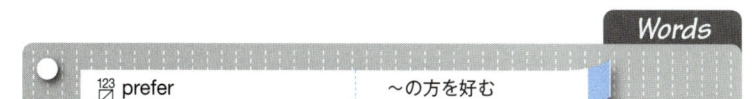

Words

| prefer | ～の方を好む |

STEP 3 歓迎会の準備について相談しながら会話をつづけられるようになろう

歓迎会のお店を相談している直輝とシン

S: So, who's coming to the party?

それで,歓迎会には誰が来るんですか。

N: Everybody in the IT section is invited — including our boss.

IT部門の全員だよ。僕らのボスもね。

S: Let's go to a wine bar. There's a really cool one in the Star Building.

ワインバーに行きましょうよ。スタービルの中に,すごくいい店があるんです。

N: I think that's too casual. We're also inviting the head of the Yokohama office, remember?

それだとカジュアルすぎると思うよ。横浜本社のトップも招いているんだから。でしょ?

S: Right. Hmm, someplace with a nice atmosphere would be good.

そうでした。うーん,雰囲気のいい店がいいですよね。

N: I agree. Our boss suggested a Japanese restaurant near the Blue Sky Tower.

そうだな。ボスが,ブルースカイタワー近くの和食の店を勧めてたけど。

S: Oh, I know that place. It's too traditional and formal. I don't think we can relax there. Bad idea!

ああ,あそこか。伝統的すぎるし,フォーマルすぎますよ。あそこじゃリラックスできないですね。ボツ!

Topic 2 会食・イベント | Unit 5

上司がすぐそばに立っていることに気づいて…

S: Oh, hi! Good morning… uh… Nice tie!

あ，どうも！ おはようございます。あ，すてきなネクタイで！

N: Very smooth! So, how about a tofu restaurant? I hear tofu is popular among Americans. I wonder if Mary is a vegetarian…

うまいねえ！ で，豆腐料理はどうかな。豆腐はアメリカ人に人気だって聞くけど。メアリーってベジタリアンかな…。

Words

124 atmosphere	雰囲気
125 smooth	お世辞のうまい，口のうまい
126 How about ～ ?	～はどうだろう，～はいかが
127 I wonder if ...	…なのだろうか

Unit 6 会食・イベント
I tend to butt in too much…
どうも私は口を出しすぎる傾向があるのです…。

STEP 1 歓迎会でのスピーチについて伝えたいことをまとめよう

歓迎会には欠かせないスピーチ
スピーチの内容はシンに任せるつもりの直輝だが…

Singh is preparing a short speech for Mary's welcome party. Even though **Mary is a successful and independent businessperson**, she must feel lonely being so far away from her family and friends for such a long time. I hope we can make her feel welcome and comfortable.

I'm trying to delegate the responsibility of arranging the party to Singh, but I'm not doing a good job. **I tend to butt in too much…**

CAN-DO
- ☑ 同僚の長所を描写できる
- ☑ スピーチ原稿について助言できる

　シンがメアリーの歓迎会用に短いスピーチを準備しています。メアリーは成功を収めた，自立したビジネスパーソンですが，家族や友人と長く離れているのは寂しいに違いありません。メアリーが，温かく歓迎されて居心地がいいと感じてくれることを願っています。

　歓迎会の手配をシンに任せようとしているのですが，なかなかうまくいきません。どうも私は口を出しすぎる傾向があるのです…。

Words

128 welcome	歓迎される，喜んで受け入れられる
129 delegate	～（責任など）を（人に）委任する
130 butt in	口を差しはさむ，おせっかいをやく

Key Phrase

Mary is a successful and independent businessperson.

メアリーは成功を収めた，自立したビジネスパーソンです。

直輝がメアリーを a successful and independent businessperson と表現しています。家族や友人としてではなく，ビジネスパーソンとして誰かを紹介したい時，仕事ぶりを評価したり，ビジネスパーソンとしての資質を表すような形容詞を覚えておくとよいと思います。以下を参考にしてみてください。

Topic Words — ビジネスパーソンとしての資質を表す表現

She (He) is a (an) [　　　] businessperson.
空所にあてはめて言ってみましょう。

131 decisive	決断力のある
132 enthusiastic	情熱的な
133 bold	大胆な
134 stubborn	頑固な
135 respectable	尊敬に値する
136 organized	きちんとした
137 tactful	如才ない
138 innovative	革新的な
139 motivated	やる気のある

自分が使う表現を書きこみましょう。

Topic 2 会食・イベント | Unit 6

Key Phrase: I tend to butt in too much…

どうも私は口を出しすぎる傾向があるのです…。

tend to ...で「…する傾向がある，…しがちだ」という意味になります。主語は人だけでなく，店や会社，動物などでも使えます。butt in は「口を出す，干渉する」という意味の口語表現です。ちなみに，butt は「おしり」という意味の名詞としてもよく使います。

例 I'm sorry to butt in, but I think you're wrong.
（横やりを入れてすみませんが，あなたが間違っていると思います。）

以下に，仕事の進め方などに関する表現を紹介します。

Topic Words　仕事の進め方を伝える時に使える表現

140 put one's nose into ~	～に干渉する，～に首を突っ込む
141 stay out of ~	～に口をはさまない
142 meddle in ~	～に口をはさむ，～に首を突っ込む
143 empower	～に権限を与える
144 entrust ~ to ...	～を…に委ねる
145 turn to ~	～に頼る
146 consult with ~	～に相談する
147 take〔bring〕~ up with ...	～を…に持ちかける

自分が使う表現を書きこみましょう。

STEP 2

歓迎会でのスピーチや同僚の長所に関する質問に答えられるようになろう

> Is anyone preparing a speech for Mary's welcome party?
> どなたかがメアリーの歓迎会のスピーチを準備しているんですか。

> Singh is. We think Mary misses her family, so we want her to feel welcome here.
> シンです。メアリーは家族と離れて寂しいでしょうから、ここで歓迎されてるっていうことを感じてもらいたいと思います。

> How's Singh doing?
> シンはうまくやっていますか。

> He's doing well. He's not used to doing this kind of thing, but he's trying.
> ええ、よくやっています。シンはこういったことに慣れていないのですが、がんばっています。

Words

| 148 miss | 〜を恋しく思う |

Topic 2 会食・イベント | Unit 6

How would you describe Mary?
メアリーはどういう方ですか。

I don't know her too well yet, but I think she's a very accomplished businessperson.
まだメアリーのことをそれほどよく知らないのですが、大変有能なビジネスパーソンだと思います。

How's it going with delegating your responsibility to Singh?
シンに仕事を任せるのはうまくいってますか。

I'm doing a terrible job. I know I shouldn't butt in, but I can't help it!
全然だめです。いけないとわかっているのに、どうしても口を出してしまうんですよね!

Words

149 describe	～を描写する
150 accomplished	熟達した、熟練した
151 terrible	ひどく悪い
152 I can't help it.	仕方がない、どうしようもない

STEP 3 歓迎会でのスピーチの内容について助言しながら会話をつづけられるようになろう

スピーチの内容を考える直輝とシン

S: Mary is so far away from home, you know. I really want to make her feel welcome in our office.

メアリーは故郷から遠く離れてここに来てるんですよね。僕たちの職場で歓迎されてるってことを感じてほしいなあ。

N: Yeah, I agree. Why don't you give me what you have so far?

うん、同感だよ。できてるところまで聞かせてくれないか。

S: OK. "On behalf of everyone here tonight, I'd like to welcome Mary Andrews to our Yokohama headquarters." How's that?

はい。「今夜ここにいる全員を代表して、メアリー・アンドリュースさんを我が横浜本社に喜んでお迎えしたいと思います。」どうですかね。

N: So far, so good. You might want to add something to introduce her personality.

そこまではいいんじゃないか。彼女の人柄を紹介することも加えたらどうかな。

S: Well, then I say, "Ms. Andrews is a talented web designer."

えっと、そのあとはこうです。「アンドリュースさんは才能あるウェブデザイナーです。」

Topic 2 会食・イベント | Unit 6

N: How about, "Ms. Andrews is a talented project manager and successful businessperson from our New York office?"

これはどうかな。「アンドリュースさんは、ニューヨーク支社からいらした、才能あるプロジェクト・マネジャーであり、成功を収めたビジネスパーソンでもあります。」

S: All right. What should I say next?

はいはい。次は何て言えばいいですか。

N: "It gives me great pleasure to be able to introduce her to you all. We look forward to working with you, Mary." Don't forget to say "Cheers!" (はっとして…) Oops! I'm doing it again! Butting in...

「アンドリュースさんをご紹介できることを大変うれしく思います。メアリーさん、一緒に仕事できることを楽しみにしています。」「乾杯!」って言うのを忘れちゃいけないからな。あっ！ またやってしまった！ おせっかいなんだよなあ…。

Words

| 153 | on behalf of ~ | ~を代表して |
| 154 | look forward to ...ing | …するのを楽しみにする |

Unit 7 会食・イベント
You can have a fantastic view from a private room.

個室から素晴らしい眺めを楽しんでいただけます。

STEP 1 ▷2▷3 歓迎会を行う店について伝えたいことをまとめよう

相談の結果,歓迎会は直輝お勧めの豆腐料理店で行うことに
メアリーは日本食を気に入ってくれるだろうか

At Tofu Sakura, you can have a fantastic view from a private room. You can order dishes *a la carte* or choose a preset menu. Most of the dishes are made with tofu or *yuba* — a kind of "tofu skin" taken from boiling soy milk. Some dishes contain meat or seafood, but you can choose vegetarian dishes if you prefer.

I hope this welcome party will give Mary a chance to get to know everyone in our section. Our project will go more smoothly if everyone knows each other well.

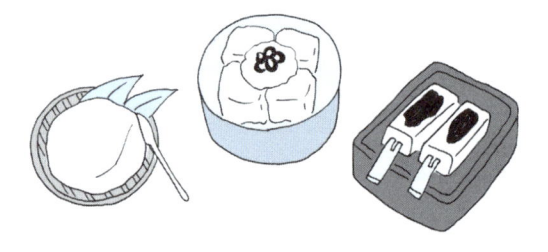

CAN-DO
- ☑ 歓迎会の店の料理について説明できる
- ☑ 相手の知らない料理を説明したり，好みを聞くことができる

　豆腐サクラでは，個室から素晴らしい眺めを楽しんでいただけます。単品での注文もできますし，コース料理を頼むこともできます。ほとんどの料理が豆腐や湯葉でできています。湯葉というのは，豆乳を沸騰させたものから取れる「豆腐の皮」のようなものです。お肉や魚介類が含まれる料理もありますが，希望であればベジタリアン料理を選ぶことも可能です。

　この歓迎会が，メアリーが IT 部門の全員と知り合えるいい機会になることを願っています。我々のプロジェクトも，お互いをよく知っていた方が，断然スムーズに進むでしょうからね。

Words

155 fantastic	素晴らしい
156 *a la carte*	一品料理
157 boiling	沸騰している
158 soy milk	豆乳

Key Phrase: At Tofu Sakura, you can have a fantastic view from a private room.

豆腐サクラでは，個室から素晴らしい眺めを楽しんでいただけます。

海外からのお客様にお店を紹介したり，また接待で食事に招待したり，されたりということもあるかもしれません。そんな時，お店の特徴を表す表現をたくさん知っておくと便利ですね。また，どんなお店が希望かをたずねる表現も覚えておきましょう。

例 What kind of restaurant would you like?
（どんなレストランに行きたいですか。）
What would you like to eat?
（何を召し上がりたいですか。）

Topic Words — お店の特徴を伝える時に使える表現

159 restaurant chain	レストランチェーン
160 favorite〔usual〕restaurant	馴染みの店
161 popular restaurant	人気店
162 counter	カウンター席
163 tatami〔straw-mat〕room	畳の部屋
164 terrace	テラス
165 outdoor cafe	オープンカフェ
166 regular（customer）	常連客

自分が使う表現を書きこみましょう。

Topic 2 会食・イベント | Unit 7

Key Phrase

Some dishes contain meat or seafood.

お肉や魚介類が含まれる料理もあります。

contain は、「~を含む」という意味を表す動詞です。「このお料理には何が含まれていますか」と尋ねたい場合は What does this dish contain? のように言えばよいです。人を食事に招く際、特に海外の方については、宗教上、個人的信条、あるいは健康上の理由から、食べられない食材がある場合があることに配慮しましょう。お酒を飲めない場合もあります。以下のような質問文を使って、失礼のないように食事に招待したいですね。

例 Are you a vegetarian?（ベジタリアンですか。）
Do you eat meat?（お肉は召し上がりますか。）
Are you allergic to anything?（アレルギーはありますか。）
Do you have any allergies?（アレルギーはありますか。）
Is there anything you can't eat for religious〔health〕reasons?
（宗教上〔健康上〕の理由で食べられないものはありますか。）
Do you drink (alcohol)?（お酒は飲みますか。）

STEP 2 — 歓迎会を行う店に関する質問に答えられるようになろう

What kind of restaurant is Tofu Sakura?
豆腐サクラはどういったレストランですか。

It's a tofu restaurant with private rooms and a fantastic view. Not many people know about it.
個室があって素晴らしい眺めの豆腐料理店です。知る人ぞ知るお店なんですよ。

What kind of menu does Tofu Sakura have?
豆腐サクラにはどういったメニューがありますか。

They have both *a la carte* dishes and a preset menu. We chose the preset menu this time, because that way, we don't have to worry about ordering. We can concentrate on eating and talking!
単品とコース料理,両方があります。今回はコース料理にしました。そうすれば注文の心配がなく,食べることと話すことに集中できますから。

Topic 2 会食・イベント | Unit 7

Are most of the dishes made with tofu?

ほとんどの料理は豆腐で作られているんですか。

Yes. Some dishes contain meat or seafood, but they can also provide vegetarian dishes if you prefer.

はい。お肉や魚介類が含まれる料理もありますよ。でもベジタリアン料理がよければそちらを選ぶこともできます。

Do you think it's important that Mary talks to everyone in the IT section?

メアリーが IT 部門の全員と話すことは大切だと考えていますか。

Yes, it's important for the success of our project. I hope Mary talks to everyone and gets to know them.

はい。このプロジェクトの成功のためには大切です。メアリーが全員と話して，メンバーをよく知ることができればと思います。

Words

| 167 | provide | ～を提供する |

STEP 3 歓迎会の場で，料理の説明をしながら会話をつづけられるようになろう

いよいよ歓迎会がスタート
それぞれが席について，食事が順番に運ばれてくる

N: Don't worry about ordering. We've already decided on a preset menu. I'll tell you what each dish is as it comes.

注文は大丈夫。コース料理を頼んであるから。それぞれのお料理が来たら説明しますね。

M: Thanks. Is everything here made with tofu?

ありがとう。お料理はすべて豆腐から作られているの？

N: Most of the dishes are made with tofu or *yuba* — a kind of "tofu skin" taken from boiling soy milk. It sounds strange, but it's delicious.

ほとんどの料理が豆腐や湯葉でできています。湯葉というのは，豆乳を沸騰させたものから取れる「豆腐の皮」のようなものです。ちょっと不思議な感じがするでしょうけど，おいしいんですよ。

Topic 2 会食・イベント | Unit 7

M: I can't wait to try them! So, all of the dishes are vegetarian, then?

楽しみだわ！ じゃあすべてがベジタリアン料理なのかしら？

N: No, some dishes contain meat or seafood, but you can choose vegetarian dishes if you prefer.

いいえ、お肉や魚介類が含まれる料理もありますが、希望であればベジタリアン料理を選ぶこともできますよ。

M: Oh, I'm not a vegetarian, so it's fine. So, is everyone here tonight?

あ、私ベジタリアンじゃないから大丈夫。さて、今夜は全員集合ってわけね。

N: Yeah. Tonight is a great chance for you to get to know the other members of the IT section. Our work will go a lot more smoothly if we all get along.

ええ。今夜は IT 部門の他のメンバーと知り合ういい機会になりますよ。我々の仕事も、みんなの仲がよければ、よりスムーズに運びますしね。

M: You're absolutely right. I'll try to talk to everyone. But should I go and introduce myself to the head of the Yokohama office first?

そのとおりね。全員と話すようにするわ。でもまずは横浜本社のトップに自己紹介をしに行った方がいいかしらね。

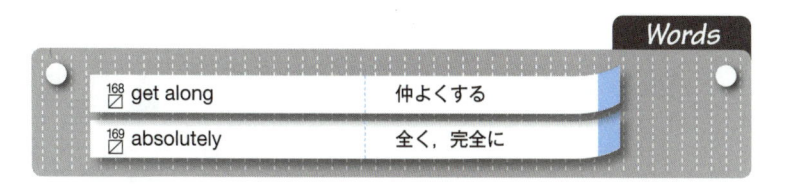

Words

168	get along	仲よくする
169	absolutely	全く、完全に

Unit 8 会食・イベント
I can communicate with people more easily over a beer.

ビールを飲みながらの方が，コミュニケーションがよりうまくいくんですよね。

STEP 1 ≫2≫3≫ 店で扱うアルコール飲料の種類について伝えたいことをまとめよう

豆腐サクラにはメアリーが知らない日本酒や焼酎がたくさんそろっている

Tofu Sakura offers a variety of traditional Japanese sakes. They also have shochu. It's a Japanese liquor made from rice, barley, or sweet potatoes. It's a bit healthier than other alcoholic drinks.

Of course, they have many different kinds of Japanese beer, too. I always go for beer. I know it's the reason for my big belly, but I just can't resist it! I like having drinks with my co-workers from time to time. I can communicate with people more easily over a beer.

> **CAN-DO**
> - ☑ アルコール飲料の種類や原料を説明できる
> - ☑ 自分がよく飲むものについて説明できる

　豆腐サクラには，さまざまな種類の伝統的な日本酒があります。焼酎もあります。焼酎は日本の蒸留酒で，米，麦，あるいはさつまいもから作られています。他のアルコールよりも少しだけ健康的なんです。

　もちろん，多くの種類の日本のビールもあります。私はもっぱらビール派。おなかが出てるのはそのせいだってわかってるんですけど，やめられないんですよね！　時々，同僚とお酒を飲むのが好きです。ビールを飲みながらの方が，コミュニケーションがよりうまくいくんですよね。

Words

170 ☑	a variety of ~	さまざまな~
171 ☑	barley	大麦
172 ☑	sweet potato	さつまいも
173 ☑	go for ~	~を選ぶ
174 ☑	belly	腹部
175 ☑	resist	~に抵抗する

Key Phrase: Tofu Sakura offers a variety of traditional Japanese sakes.

豆腐サクラには，さまざまな種類の伝統的な日本酒があります。

offer は「～を提供する」という意味で，今回のようにお店が主語になっている場合は，「(お店で) ～を扱う〔がある〕」という意味になります。日本食のレストランに外国の方を連れていくと，日本料理や文化などを説明する場面があるかと思います。ここでは，身近な日本食を英語で言ったらどのような表現になるかを学びましょう。

Topic Words — 身近な日本食の話をする時に使える表現

176 one-bowl rice dish	丼もの
177 rice porridge	おかゆ
178 sliced raw fish	刺身
179 buckwheat noodles	そば
180 pickled radish	たくあん
181 pickled plum	うめぼし
182 soy sauce	しょうゆ
183 seasoning	薬味，調味料
184 chopsticks	はし

自分が使う表現を書きこみましょう。

Topic 2 会食・イベント | Unit 8

Key Phrase: It's a Japanese liquor made from rice, barley, or sweet potatoes.

焼酎は日本の蒸留酒で，米，麦，あるいはさつまいもから作られています。

ここでは made from ～を使って，焼酎の原料を紹介しています。「～で作られている」と言いたい場合，目で見て原料や素材がわからない時には，be made from ～ を使います。同じような表現に be made of ～がありますが，こちらは見ただけで材料がわかる時に使います。

例 This wine is made from 100% chardonnay grapes.
（このワインはシャルドネ 100%だ。）
This table is made of oak.
（このテーブルはオーク材で作られています。）

日本独特のものを紹介する際には以下のように言うことができます。

例 Sake is made from rice.（日本酒は米から作られています。）
Tofu is made from soybeans.
（豆腐は大豆から作られています。）
Kamaboko is usually made from minced fish.
（かまぼこは通常魚のすり身から作られています。）
Udon is made from wheat flour.
（うどんは小麦粉から作られています。）

STEP 2 アルコール飲料の種類や飲み会に関する質問に答えられるようになろう

What kind of drinks does Tofu Sakura have?

豆腐サクラにはどんな飲み物がありますか。

They offer a variety of drinks: sake, shochu and beer.

さまざまなお酒が飲めますよ。日本酒や焼酎，ビールとか。

What do you recommend?

おすすめは何ですか。

I personally go for beer. But I recommend Mary have some sake. It'll taste great with *yuba*.

個人的にはビールですけど，メアリーには日本酒を勧めますね。湯葉とよく合うと思います。

Words

185 recommend	～を推薦する
186 personally	個人的には

Topic 2 会食・イベント | Unit 8

What is shochu made from?
焼酎は何でできているんですか。

It's made from rice, barley, or sweet potatoes. Sake is made from rice.
お米，麦，さつまいもですね。日本酒は米からできています。

Do you go out for drinks with your colleagues?
同僚の方たちと飲みにいくことはあるんですか。

Sure. It's a great opportunity to get to know them. It's always good for our work, too.
もちろん。同僚をよく知るいい機会になりますし，仕事にも必ずいい影響を及ぼしますからね。

Words

| 187 opportunity | 機会 |

STEP 3 アルコール飲料の種類について話しながら会話をつづけられるようになろう

シンのスピーチも無事終わり，歓迎会は和やかに進行

M: This sake is delicious! It's so mild. And it has a nice aftertaste.

このお酒，おいしいですね！ すごくまろやかだわ。後味もいいし。

N: I'm glad you like it! Should I order more?

気に入ってくれてうれしいです！他に頼みましょうか。

M: I don't think I want more sake. What else do they have?

日本酒はもういいかな。他に何があるの？

N: How about some shochu? It's a Japanese liquor made from rice, barley, or sweet potatoes.

焼酎はどうですか。日本のお酒で，米，麦，あるいはさつまいもから作られています。

M: Hmm… I'm not sure I'd like that. I think I'll just have tea, then. I want to stay sharp for tomorrow's meeting.

うーん…それは好みじゃないかも。じゃあお茶をいただくわ。明日の会議のためにしゃきっとしていないとね。

N: Oh, you'll be a good example to the rest of us!

へぇ，我々のいいお手本ですねえ！

Topic 2 会食・イベント | Unit 8

M: I will be, won't I? So, do you go out for drinks with your colleagues often?

でしょ！ 直輝はよく会社の人たちと飲みにいくの？

N: Only when my wife says I can go... I'm kidding! Yeah, I sometimes go out for drinks with my co-workers. We have a good time — and it's good for our work, too.

妻がいいって言った時だけ…なんてね！ ええ，時々同僚たちと飲みにいきます。楽しいですよ。仕事にもいい影響がありますしね。

Words

| 188 aftertaste | 後味 |
| 189 stay sharp | 気を抜かないでいる |

英語スピーキング講座 ②

なぜ英語で話せないのか

英語で話せない理由は2つ。とても明白です。①英語で話す訓練を受けず，②英語を使ってこなかったからです。

中学から大学までに英語の授業で，あるいはビジネスパーソンになってから英語学校などでスピーキングの教育訓練を受けてこなかった方が，英語で話せないのは無理もありません。

「学校で英語の基礎を培っておけば，英語なんてすぐに話せるようになります」とおっしゃる方が，産業界にも英語教育界にもいます。何を根拠にそんな乱暴なことをおっしゃるのかわかりません。たぶん，「片言の英語で事がすんだラッキーな経験」をもとに話していらっしゃるのか，「もともと地頭がよくて，言語習得に適した潜在的才能を持っていた方の成功例」からそんなことを言っている，としか思えません。

社内では上司，同僚，部下が外国人，社外ではお客様，仕入れ業者，下請け業者が外国人という状況で，「英語は度胸」「身振り手振りでなんとかなる」「気持ちの問題だ」なんて言ってはいられません。

英文の構造や語彙に関する知識は，英語を話す訓練を始めた際にも役に立ちます。しかし，英語を日本語に訳して理解すること，日本語を思い浮かべてから英語に直して話すといった癖は，英語スピーキング能力の向上には大きな障害になります。

2013年度から「高校の英語の授業は英語で行うことを基本とする」という方針を文部科学省が打ち出したのも，生徒が英語を使えるようになるためには，日頃の授業から日本語を介さずに英語を使った活動を増やすことが重要だ，という考えに基づいているからです。

英語スピーキングの学習をし，仕事で英語を使うことしか道はありません。

Topic 3

出張・視察

Unit 9 出張・視察

We decided to visit our branch office in Kobe.

私たちは神戸支社を訪ねることにしました。

STEP 1 仕事の問題点やその解決策について伝えたいことをまとめよう

プロジェクトが進むにつれて，いろいろな問題点が浮き彫りに…
直輝たちはそれらを解消するため現場を確認しにいくことに

Once we create our new websites, we expect the number of orders to increase. Mary expressed her concerns about whether or not the Kobe Distribution Center will be able to handle the increased shipping.

We decided to visit our branch office in Kobe. First, we'll check out the shipping area at Kansai Airport. Then, we'll tour our Kobe Distribution Center. After the tour, we'll finish up with a meeting at the Kobe office. Hopefully, we'll find out that everything is going to be fine.

CAN-DO

- ☑ 仕事の問題点について話し合うことができる
- ☑ 問題の解決策を話し合うことができる

　新しいウェブサイトができあがると，注文数が増えることを予想しています。メアリーは，神戸の配送センターが増加する出荷に対処できるのかどうかについて，懸念を示しています。

　そこで，私たちは神戸支社を訪ねることにしました。まず，関西空港の出荷エリアを見学します。それから，弊社の神戸配送センターを視察します。そのあと，神戸支社にて会議を行い，終了となります。すべて順調であることがわかればいいのですが。

Words

190	concern	懸念，心配
191	distribution	流通
192	handle	〜に対処する
193	shipping	発送，配送
194	finish up with 〜	〜で締めくくる

Key Phrase: We expect the number of orders to increase.

注文数が増えることを予想しています。

the number of ～で「～の数」という意味になります。ここでは of の後ろに order（注文）がきており，「注文数」を表しています。expect は「～を期待する，～と予想する」という意味をもつ動詞です。後ろに置かれた to increase とあわせて，ここでは「注文数が増えることを予想する」となっています。商品や在庫管理などにまつわる語彙を紹介しますので，あわせて学習しましょう。

Topic Words　商品・在庫管理に関する表現

195 product	製品，商品
196 stock	在庫品
197 backlog	在庫
198 purchase	仕入れ，仕入れ商品
199 catalog	カタログ，一覧表
200 warehouse〔storehouse〕	倉庫
201 order form	注文書
202 inventory control	在庫管理
203 inventory adjustment	在庫調整
204 in stock〔inventory〕	在庫がある
205 out of stock〔inventory〕	在庫がない

自分が使う表現を書きこみましょう。

Topic 3 出張・視察 | Unit 9

Key Phrase: We'll check out the shipping area at Kansai Airport.
関西空港の出荷エリアを見学します。

直輝が出張の旅程を説明しているフレーズです。check out ～は「～を調べる，～をチェックする」などの意味をもつ語句です。また，「(ホテルを)チェックアウトする」と言う際にも使います。ここでは，配送や輸送にまつわる語彙を紹介します。ビジネスにおいても，また個人で海外のサイトから商品を購入したりする際にも便利ですので，ぜひ覚えておきましょう。

例 We have to check out before ten.
（10時までにチェックアウトしなきゃ。）
They came to check out our plant secretly.
（彼らは，こっそり我が社の工場を調べにきていた。）

Topic Words — 配送・輸送に関する表現

#	英語	日本語
206	transit	輸送，運搬
207	delivery	配送，配達
208	shipment	発送，積み荷
209	export	輸出（する）
210	import	輸入（する）
211	trade	取引(する), 売買(する)
212	customs	関税，税関

自分が使う表現を書きこみましょう。

STEP 2 — 仕事の問題点やその解決策に関する質問に答えられるようになろう

After you create the new websites, what do you expect to happen?
新しいウェブサイトができると，どのようなことが起こると予想していますか。

We expect the number of orders to increase by 30 percent. That will get us one step ahead of our competitors.
注文数が 30 パーセント増加すると考えています。そうなれば，競合他社の一歩先を行くことができます。

What's Mary's concern?
メアリーの懸念はどのようなことですか。

She's worried that the Kobe Distribution Center will not be able to handle the increased shipping. She might be right…
神戸の配送センターが増加する出荷をさばききれないのではと心配しています。メアリーの言うとおりかもしれません…。

Topic 3 出張・視察 | Unit 9

What are you going to do about it?
それについてどうするつもりですか。

We'll visit the Kobe Distribution Center and see if her concerns are legitimate. Starting new things is never easy.
神戸の配送センターを訪ねて、メアリーの懸念が正しいか確かめたいと思います。新しいことを始めるのは、いつだって簡単ではありませんね。

What's your itinerary in Kobe like?
神戸のスケジュールはどのようになっていますか。

We'll check out the shipping area at Kansai Airport and our distribution center, and then have a meeting with the Kobe team.
関西空港の出荷エリアと配送センターの視察、そして神戸のスタッフとの会議となっています。

Words

213 legitimate	合理的な、筋の通った
214 itinerary	旅程、旅行プラン

STEP 3 問題点についての解決策を話し合いながら会話をつづけられるようになろう

プロジェクトの打ち合わせをしている直輝とメアリー

N: Your concerns are understandable. We should go visit the Kobe Distribution Center and see if they can really handle all of the shipping.

メアリーの懸念は当然だよ。神戸の配送センターに行って,本当にすべての発送を処理できるか確かめるべきだね。

M: Yeah. We should definitely go check the site one more time. I want to see if they have the capacity to do what we need.

ええ。絶対もう一度現場を確認するべきね。神戸の配送センターが,私たちが求めることができるくらいのキャパシティがあるか見たいわ。

N: Right. Can we do it by this Friday? I can set up a meeting with their tech team.

そうだね。今週の金曜までに行けるかな。神戸の技術チームと会議を設けるよ。

M: Sure. I'm available to go any day after Wednesday.

ええ。水曜日以降ならいつでもいいわよ。

郵便はがき

410-8760

1001

料金受取人払郵便

沼津局承認

1001

差出有効期間
平成28年2月
29日まで
(切手不要)

日本郵便株式会社
沼津郵便局私書箱33号
　Z会CA 行

氏名（フリガナ）	年齢　　　　〔　　〕才
	性別　　1. 男性　2. 女性

住所（〒　　－　　　）

学校名または会社名	学部・学年または部署名

TOEIC受験経験　　　（　　）回	TOEICスコア　　　　（　　）点
TOEFL　〃　　　　　（　　）回	TOEFL　〃　　　　　（　　）点
	英検取得級　　　　　（　　）級

購入方法　1. 書店　2. 通販　　E-mail

● 裏面のアンケートにご協力ください。
　アンケートを寄せていただいた方の中から、毎月50名様に図書カードをお送りします。
　＊景品は変更になることがあります。

いただいたご感想は、今後の商品改良の参考にさせていただきますとともに、弊社広告物等に匿名で掲載させていただく場合があります。その他の目的では使用いたしません。個人情報は法令に従い、安全かつ適切に取り扱います。詳しくは弊社ホームページ「個人情報への取り組みについて」(http://www.zkai.co.jp/)をご覧ください。
【お問い合わせ窓口】gogaku-ca@zkai.co.jp

● **送付ご希望のものに○をお付けください。無料にてご送付いたします。**
　1. 通信教育 (小/中/高/大・社会人) 入会案内書　2. Z会ブックガイド
　3. Z会 語学ブックガイド　4. キャリアアップコースメルマガ (E-mailアドレスをご記入ください)
● **今後、Z会グループ*からの案内を希望されない方は、下記に✓印をお付けのうえ、
　ご返送ください。**　□今後、Z会グループからの案内DMを希望しません。

　＊Z会グループ：(株)増進会出版社、(株)Z会 (通信教育部門・出版部門・対面教育部門)、(株)Z会CA

872

『会話がつづく! 英語トピックスピーキング Story2』アンケートカード

このたびは、Z会書籍をお買い上げくださいまして、ありがとうございました。
Z会では、お客様の声を商品改良・新商品開発に有効に活用していきたいと考えております。是非、以下のアンケートにご協力ください。
※該当する番号を○で囲み、〔　〕内には該当する内容をご記入ください。

1. 購入時期〔　〕年〔　〕月　**使用時期**(予定)〔　〕年〔　〕月～〔　〕年〔　〕月頃
2. 購入書籍　英語トピックスピーキング Story 2　第〔　〕刷(書籍最終ページに記載)
3. Z会書籍購入歴　1. 今回がはじめて　2. 今回で〔　〕冊目
4. この書籍を何でお知りになりましたか。(複数回答可)
　1. Z会入会案内書　2. 通信教育機関誌　3. 書籍案内　4. DM・チラシ　5. 知人の勧め
　6. 実物を見て　7. 新聞・雑誌　8. Webサイトを見て〔　　　　　　　　　　〕
　9. その他〔　　　　　　　　　　　　　　　　　〕
5. 購入動機(複数回答可)
　1. Z会の書籍だから　2. 内容がよさそうだから　3. タイトルにひかれて　4. スピーキングの学習がしたいから　5. 松本先生の監修だから　6. その他〔　　　　　　　　　〕
6. 本文レイアウトについて　見やすい　1————2————3————4　見にくい
　ご要望：

〔

〕

7. 表紙デザインについて　よい　1————2————3————4　悪い
8. 全体として　満足　1————2————3————4　不満足
9. 本書についてのご感想・ご要望をお書きください。

〔

〕

10. 本書以外でスピーキングの学習を行っていますか。
　1. いいえ　2. はい　教材・サービス名〔　　　　　　　　　　　　　　〕
11. 英語を学んでいる主な理由
　1. 仕事で必要だから　2. 資格取得(TOEIC／TOEFL／英検)　3. 趣味
　4. その他〔　　　　　　　　　　　　　　　　　〕
12. 商品企画アンケート・取材などについて
　1. 協力してもよい　2. 協力したくない

松本先生サインプレゼント応募券貼り付け欄

応募締切：2014 年 7 月 31 日（当日消印有効）

帯についている応募券を切り離して、はがれないようにハガキに
セロハンテープで貼ってください。（応募券のコピーは不可）

Story 2
応募券

Story 1
応募券

Topic 3 出張・視察 | Unit 9

N: OK. We'll fly from Haneda and check out the shipping area at Kansai Airport first. Then, we'll tour our Kobe Distribution Center.

わかった。羽田から飛んで、まず関西空港の出荷エリアを確認しよう。それから神戸の配送センターを視察だな。

M: Sounds good to me.

いいわね。

N: OK. I'll make the arrangements.

オーケー。手配するよ。

M: Thanks. Speaking of Kobe, the Koshien Baseball Stadium is close by, right? I've always wanted to go there to cheer for the Tigers. I'm just saying…

ありがとう。神戸と言えば、甲子園球場が近いわね。甲子園でタイガースの応援をしてみたかったのよね。ちょっと言ってみただけだけど…。

Words

215	understandable	理解できる
216	capacity	受け入れる能力，容量
217	set up ~	~を設ける
218	available	手があいている，忙しくない
219	speaking of ~	~と言えば

Unit 10 出張・視察

The Kobe Distribution Center is well organized.

神戸の配送センターは非常によく整備されています。

STEP 1　施設の特徴について伝えたいことをまとめよう

神戸の配送センターは在庫を管理する高度なシステムを備えている
今回のプロジェクトの成功は,この施設にかかっているのだが…

The Kobe Distribution Center is well organized. It's easy to find where everything is located because they have a very sophisticated labeling system. They also use bar codes to control inventory. They keep larger items on the lower floors. Smaller items are kept on the upper levels.

They have a special section for food and drinks. It's cooler than the rest of the building. The shipping dock is at the north end of the building. The receiving dock is at the south end.

CAN-DO

☑ 施設の特徴について説明できる
☑ 視察の結果を現在のプロジェクトに関連づけて語ることができる

　神戸の配送センターは非常によく整備されています。高度なラベリング・システムにより，どこに何があるかを簡単に見つけることができます。また，在庫管理にはバーコードを用いています。大きなものは低層階に置いてあり，小さいものは上の階に置かれています。

　食品および飲料を保管する特別な区画もあります。そこは建物内の他の場所よりも涼しくなっています。搬出口は建物の北端に，搬入口は南端にあります。

Words

labeling	ラベル付け

Key Phrase: The Kobe Distribution Center is well organized.

神戸の配送センターは非常によく整備されています。

organized は,動詞の organize(〜を系統立てる,〜を整理する)の過去分詞が形容詞化した語で,「(場所などが)きちんとしている,整理整頓がされている」などの意味となります。人に対して使うと,「まめである,几帳面な」という意味にもなります。場所を形容する表現にはいろいろなものがあります。自分のオフィスの様子を紹介する時や,視察へ訪れた時などに使える表現なので,覚えておきましょう。

例 My boss is always organized and well prepared.
（私の上司は常にきちんとしていて,用意周到です。）

Topic Words　場所の様子を伝える時に使える表現

No.	表現	意味
221	clean	清潔な
222	neat	きれいな
223	well maintained	よく整備された
224	tidy	片付いた,きちんとした
225	messy	散らかった
226	disorganized	整理されていない
227	dirty	汚い
228	untidy	散らかった
229	cluttered	散らかった,乱れた

自分が使う表現を書きこみましょう。

Topic 3 出張・視察 | Unit 10

Key Phrase: The shipping dock is at the north end of the building.

搬出口は建物の北端にあります。

搬出口の場所を説明している一文です。「搬出口」は shipping dock, 「搬入口」は receiving dock と言います。「～に位置している」は be at ～で表しています。the north end of ～は,「～の北側の端」の意味ですので, この文は「搬出口は建物の北端にあります」という意味になります。Unit 9 で配送や輸送に関わる表現を学びましたが, ここでは, 流通に関わる語彙をいくつか紹介します。

Topic Words — 流通に関わる表現

230 circulation	流通
231 logistics	物流
232 cargo	積み荷, 貨物
233 container	コンテナ, 容器
234 package	荷物
235 product inspection	検品
236 quality check	品質検査
237 quality control	品質管理

自分が使う表現を書きこみましょう。

STEP 2 — 施設の特徴に関する質問に答えられるようになろう

Is the Kobe Distribution Center well organized?
神戸の配送センターはよく整備されていますか。

Yes. Even if you're there for the first time, you can tell where everything is located. That's how organized it is there.
はい。初めて訪れても,どこに何があるかがわかります。そのくらいよく整理されているのです。

How do they keep inventory?
在庫の管理はどのようにしているのですか。

They use bar codes. It's easy to keep track of what we have and don't have.
バーコードを使っています。何があって,何がないかを簡単に把握することができます。

Words

238 keep track of ~	~の経過を追う

Topic 3 出張・視察 | Unit 10

> **Where do they keep food and drinks?**
> 食品や飲料はどこに保管しているのですか。

> **They have a special section for food and drinks. The section is designed to be cooler than the rest of the building.**
> 食品と飲料用の特別な区画があります。建物の他の場所よりも涼しくなるように設計されています。

> **Where is the receiving dock located?**
> 搬入口はどこですか。

> **It's located at the south end of the building. The shipping dock is at the opposite end.**
> 建物の南端です。搬出口は反対側にあります。

Words

239 be designed to ...	…するように設計されている

STEP 3 施設の特徴を伝えながら会話をつづけられるようになろう

配送センターの視察をしている直輝,メアリー,シン

M: This place is really well organized. I've never seen anything like it in the U.S.

ここはとてもよく整理されてるわね。アメリカではこんなの見たことないわ。

N: Yeah, they have a very sophisticated labeling system. It's easy to find where everything is located.

ああ,とても高度なラベリング・システムを採用してるんだ。どこに何があるか,すぐにわかるようになってるんだよ。

M: I'm impressed. How do they control inventory?

素晴らしいわね。在庫管理はどうやってるの?

N: They use bar codes. It's all automated. Pretty neat, huh?

バーコードを使ってるよ。すべて自動化されてるんだ。すごいでしょう?

M: Yes! So, what about manpower? When our new websites are up and running, the total number of orders is expected to increase by 30 percent.

ええ! で,人員はどうなの? 新しいウェブサイトが立ち上がって稼働したら,注文総数が30パーセント増加すると予測されているのよね。

N: Well, I'm not sure if we have enough manpower to handle that much of an increase.

うーん,それだけの増加に対応できるだけの人手があるかどうか定かではないな。

Topic 3 出張・視察 | Unit 10

M: No matter how advanced our technology is, we can't do it without actual people, you know.

どれだけ技術が発展しても、実際の人間なしではできないのよ。そうでしょ。

N: You are absolutely right. We'll take it up with the Kobe team later today.

全くそのとおりだよ。この件はあとで神戸のスタッフと検討しよう。

Words

240 automate	～を自動化する
241 manpower	人的資源, 人員
242 actual	実際の
243 take ~ up with ...	～について…と検討する

Unit 11 出張・視察
The ultimate goal is to increase customer satisfaction.

最終目的は，顧客満足度を高めることです。

STEP 1 打ち合わせに備えてプロジェクトの概要について伝えたいことをまとめよう

これからいよいよ神戸のスタッフとの打ち合わせ
プロジェクトの意義を明確に伝え，協力を仰ぐためにもこの打ち合わせが重要となる

Mary and I are creating new websites in both English and Japanese. We want to attract more customers, and as a result, we expect the number of orders to increase by 30 percent.

We're also upgrading our computer systems in order to keep better track of customers' likes and dislikes. This will enable us to suggest items that customers might be interested in. It'll also help us keep the right amount of inventory on hand. Of course, the ultimate goal of the project is to increase customer satisfaction.

CAN-DO
- ☑ プロジェクトの概要を端的に説明できる
- ☑ プロジェクトへの協力を仰ぐことができる

　メアリーと私は，日英両方のウェブサイトを刷新しているところです。より多くのお客様を取り込みたいと思っています。そうすれば，注文数が30パーセント伸びると考えています。

　また，顧客の好みをさらによく把握するために，コンピュータ・システムもアップグレードしています。これにより，お客様が興味のありそうな商品を提案することが可能となります。また，アップグレードによって，手元に適正量の在庫を持つのにも役立ちます。当然のことながら，今回のプロジェクトの最終目的は，顧客満足度を高めることです。

Words

244 attract	～を引きつける
245 dislike	嫌いなもの
246 amount	総量
247 ultimate	最終的な
248 satisfaction	満足

Key Phrase: We want to attract more customers.

より多くのお客様を取り込みたいと思っています。

attract は,「〜を引きつける,〜を呼び寄せる」などの意味をもつ動詞です。ここでは,目的語に more customers をとり「(ウェブサイトを新しくすることによって) より多くの顧客を引きつけたい」と言っています。

例 The city has attracted millions of tourists because of an aggressive campaign.
(積極的なキャンペーンを展開して,その街は何百万人もの観光客を集めています。)

customer は「(商売をする上での) 顧客」という意味があります。製造・販売などに関わる人の呼び方を表す表現を紹介します。

Topic Words｜製造・販売に携わる人を表す表現

249 manufacturer	製造業者
250 store manager	店長
251 shop clerk	店員
252 floor manager	売り場責任者
253 customer representative	顧客担当者
254 factory 〔plant〕manager	工場長
255 plant worker	工場作業員

自分が使う表現を書きこみましょう。

Topic 3 出張・視察 | Unit 11

Key Phrase: The ultimate goal of the project is to increase customer satisfaction.

今回のプロジェクトの最終目的は，顧客満足度を高めることです。

ultimate goal とは，「最終的な目標，究極の目的」などの意味を表します。「目標」は，場合によっては，aim（目的，目標），purpose（目的），target（目標，ターゲット）などで言い換えることもできます。仕事をする上で，どんなことを目的に業務やプロジェクトを遂行するのかという意識が重要であることは言うまでもありません。自分の仕事のことを人に紹介する際にも，「どんな目標をもって，仕事に取り組んでいるのか」をあわせて伝えられるとよいですね。以下に，プロジェクトや企業活動の目的を表す表現をいくつか紹介します。

Topic Words — プロジェクトや企業活動の目的を伝える時に使える表現

The ultimate goal is to _____ .

空所にあてはめて言ってみましょう。

256	make customers happy	顧客を幸せにする
257	make a profit	利益をあげる
258	increase sales	売上を増やす
259	increase the value of the company	会社の価値を高める
260	establish our reputation	評判を確立する
261	survive in the industry	業界で生き残る

自分が使う表現を書きこみましょう。

STEP 2 プロジェクトの概要に関する質問に答えられるようになろう

Why are you creating new websites?
なぜ新しいウェブサイトを作っているのですか。

Because we want to attract more customers. And as a result, we expect the number of orders to increase.
より多くの顧客を取り込みたいからです。その結果として，注文数が増加することを見込んでいます。

Why are you upgrading your computer systems?
なぜコンピュータ・システムをアップグレードしているのですか。

We want to keep better track of customers' likes and dislikes.
顧客の好き嫌いをもっと把握するためです。

Topic 3 出張・視察 | Unit 11

Why do you want to keep track of customers' likes and dislikes?
なぜ顧客の好き嫌いを把握したいのですか。

It'll enable us to suggest items that customers might be interested in. It'll also help us keep the right amount of inventory.
顧客が興味のある商品を提案できるようになるからです。また,適正な在庫数の維持にも役立ちます。

What's the ultimate goal of the project?
このプロジェクトの最終的な目的は何ですか。

To increase customer satisfaction. If we can make them happy, sales will increase automatically.
顧客満足度を高めることです。顧客を幸せにできれば,売上はおのずとついてくるでしょう。

Words

| 262 automatically | 自動的に |

STEP 3 プロジェクトの概要を伝えながら会話をつづけられるようになろう

神戸のスタッフとの会議が始まる

N: Well, let's get right down to business, shall we? Will you explain a little bit about the work we have been doing?

さて,早速ですが本題に入らせていただきますね。我々がしている仕事について少し説明してもらえますか。

M: Yes. We've been creating new Japanese and English websites, hopefully to expand both our domestic and overseas markets.

はい。我々は日本語と英語のウェブサイトを新しく作成しています。国内および海外の市場の拡大を視野に入れています。

N: That's right. By doing this, we want to attract more customers. We expect the number of orders to increase by 30 percent.

そうなんです。これをすることにより,より多くの顧客を引きつけたいと考えています。注文数が30パーセント増加すると予測しております。

M: We're also upgrading our computer systems so we can keep better track of customers' likes and dislikes.

また,顧客の好き嫌いをもっとしっかり把握するために,コンピュータ・システムもアップグレードしています。

N: That way, we can suggest products that customers might be interested in.

これにより,顧客が興味のありそうな商品を提案することが可能になります。

Topic 3 出張・視察 | Unit 11

M: It'll also help us keep the right amount of inventory on hand.

これは手元に適正な量の在庫を持つのにも役立ちます。

N: It's very important that we don't waste any space or money.

スペースも資金も,少しもむだにしないことが重要です。

M: Needless to say, the ultimate goal of this project is to increase customer satisfaction. We would really appreciate your full cooperation.

言うまでもありませんが,今回のプロジェクトの最終的な目標は,顧客満足度を高めることです。全面的にご協力をいただければ幸いです。

Words

263 get right down to business	本題に入る
264 expand	～を拡大する
265 needless to say	言うまでもなく
266 appreciate	～をありがたく思う

Unit 12 出張・視察

We can learn more from visiting a historical place.

史跡を訪ねる方がより学ぶことがあるのではないかと思います。

STEP 1 ／2／3／ 相手の知らない観光地について伝えたいことをまとめよう

神戸のスタッフとの会議で問題点が浮き彫りになり…

The meeting didn't go so well. The members of the Kobe team aren't sure they'll be able to handle the increased number of orders. In order to change the mood, we've decided to take a quick tour of Himeji Castle — a World Heritage Site since 1993 — before we go home.

Mary wanted to visit Koshien, but I think we can learn more from visiting a historical place. Himeji Castle is one of the largest and oldest castles in Japan. If people from 400 years ago could build such a magnificent castle, why can't we solve the small problem we're facing?

CAN-DO
- ☑ 相手の知らない観光地について説明できる
- ☑ 自分の好きな観光スポットの魅力を人に伝えられる

　会議はあまりうまくいきませんでした。神戸のスタッフは，増加する注文をさばけるかどうかわからないとのことです。気分を変えるため，帰る前に姫路城に立ち寄ることにしました。姫路城は1993年に世界遺産に認定されています。

　メアリーは甲子園に行きたがっていましたが，私は史跡を訪ねる方がより学ぶことがあるのではないかと思います。姫路城は，日本で最も大きく，最も古い城の一つです。400年前の人々がこれほど壮大な城を作ることができたのなら，我々が直面しているこの小さな問題だって解決できるはずではないでしょうか。

Words

267	take a quick tour of ~	~をさっと見る
268	World Heritage Site	世界遺産
269	magnificent	壮大な

Key Phrase: The meeting didn't go so well.

会議はあまりうまくいきませんでした。

go well で「うまくいく」という意味を表します。ここでは didn't go so well となっているので,「うまくいかなかった」という意味になっています。主語は negotiation（交渉）, project（プロジェクト）など, 具体的なことでもいいですが, all, things, everything などを入れることもできます。質問文にする時は, How を使って, How did the meeting go?（会議はどうだった?）と尋ねることができます。

例 Things went extremely well at the negotiating table.
（折衝の場は大変うまくいきました。）

well の代わりに以下のような語を入れて, 会議がどうであったかを報告することができます。

Topic Words — 会議の報告の時に使える表現

The meeting went _____.

空所にあてはめて言ってみましょう。

270 smoothly	円滑に
271 successfully	首尾よく, うまく
272 perfectly	完全に, 完璧に
273 great	うまく
274 badly	悪く, まずく
275 poorly	まずく, へたに

自分が使う表現を書きこみましょう。

Topic 3 出張・視察 | Unit 12

Key Phrase

In order to change the mood, we've decided to take a quick tour of Himeji Castle.

気分を変えるため，姫路城に立ち寄ることにしました。

in order to ... は「…するために」という意味で、よく使われる表現です。to ＋動詞で「…するために」という時と意味は同じですが，in order to ... の方が少し改まっていて，より目的を強調しているニュアンスがあります。take a quick tour は，「(時間をかけずに)さっと見にいく」という意味です。空き時間や帰り際のちょっとした時間を使って行くような感じが出ていますね。ここでは出張などに関する語をいくつか紹介します。

Topic Words — 出張に関する表現

276 business trip	出張
277 domestic business trip	国内出張
278 overseas business trip	海外出張
279 same-day business trip	日帰り出張
280 stopover	立ち寄ること
281 side trip	ついでに立ち寄ること
282 travel request form	出張申請書
283 travel permission	出張許可
284 travel expenses	出張旅費

自分が使う表現を書きこみましょう。

STEP 2

出張の成果に関する質問に答えられるようになろう

How did the meeting go?
会議はどうでしたか。

It didn't go so well. But we're determined to figure out a way to move forward!
あまりうまくいきませんでした。でも何とか前に進む方法を考えるつもりです！

Did you go back to Yokohama right after the meeting was over?
会議のあとはすぐに横浜に戻ったのですか。

No, we made a stop at Himeji Castle to change the mood. We needed some inspiration from our ancestors.
いいえ、気分転換のために姫路城に寄りました。昔の人からインスピレーションをもらいたかったのです。

Words

| 285 figure out ~ | ~を考え出す |

Topic 3 出張・視察 | Unit 12

Did Mary want to visit the castle?
メアリーも姫路城に行きたかったのですか。

No, she wanted to visit Koshien, but I thought we'd learn more from visiting a historical place. And I was right!
いいえ、メアリーは甲子園に行きたがっていました。でも史跡を訪ねた方が学ぶことが多いと思って。私が思ったとおりでした！

How did you feel looking at the castle?
姫路城を見て何を感じましたか。

I felt small, but I also thought anything is possible if you try hard enough.
自分が小さく感じました。でも同時に、懸命に取り組めば、何事も成し得るのだと思いました。

STEP 3 — 相手の知らない観光地について説明しながら会話をつづけられるようになろう

気分転換に姫路城を訪れた直輝とメアリー

M: What a magnificent castle! This is actually better than visiting an empty baseball stadium. Thanks for bringing me here. I can't believe Singh didn't want to come.

立派なお城ね！ からっぽの野球場を訪ねるよりもよっぽどいいわ。連れてきてくれてありがとう。シンったらなんで来なかったのかしら。

N: I'm glad you like it here. I think Singh drank too much beer last night!

気に入ってくれてうれしいよ。シンは昨日ビールを飲みすぎたんだと思うよ！

M: Oh, he's such a lovable person — despite his flaws!

あぁ，シンは愛すべき存在ね。欠点はあるけど！

N: Don't you just love history? I think history helps us understand today's world better.

歴史って素晴らしいと思わない？ 歴史は，今日の世界を理解する手助けになると思うんだ。

Topic 3 出張・視察 | Unit 12

M: I agree. Do you visit castles often?

同感だわ。お城を訪ねることは多いの？

N: Yeah. I like visiting castles and thinking about the great people in history. My wife and daughter make fun of me. They say I want to live in the past.

そうだね。城を訪ねて，歴史上の偉人のことを考えるのが好きなんだ。妻と娘にはからかわれるけどね。二人いわく，僕は過去に生きていたいらしいよ。

M: Hmm… I kind of get the feeling that they're right about you.

ふーん…なんだか二人の言ってることがわかる気がするわ。

N: Oh… I wonder how people from 400 years ago could build such a huge castle without heavy machinery. If they were able to do this, why can't we solve our problem?

そう…。400年前の人たちは重機もなしにどうやってこんなに巨大な城を築くことができたんだろう。彼らがこれを成し遂げられたんだから，僕らだって問題を解決できるはずだよ。

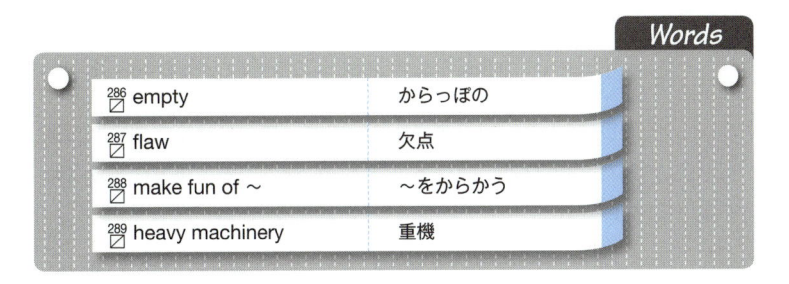

Words

286	empty	からっぽの
287	flaw	欠点
288	make fun of ~	~をからかう
289	heavy machinery	重機

英語スピーキング講座 ③

英語はツールなのか

「英語はツールだ」とおっしゃる方が多いですね。私は2006年に立教大学に新設された経営学部国際経営学科で，そのコア・カリキュラムであるバイリンガル・ビジネスリーダー・プログラム（BBL）のプログラム・ディレクターとして，学生を1年半で「経営学を英語で学べるようにする」ことにこれまで取り組んできました。その経験から，「英語はツールである」という「語り」は英語学習にとってマイナスだと思うようになりました。

「英語はツール」という説明には，「ツールだから専門科目の知識や仕事の内容とは別に勉強すればいい」「英語を後付けすればいい」「ツールなのだから習得は難しくないはず」といった意味が込められているように感じています。

実際に英語で経営学を学べるようにするには，経営学の知識を英語化しなければいけません。そして，プレゼンなどのスキルを英語でこなさなければならないのです。

仕事に精通し，豊富な経験と卓越したスキルを日本語で有している人が，英語というツールさえ磨けば，英語で仕事ができるようになるかと言えば，そんな簡単にはいかないはずです。ビジネスと英語の融合は，私の立教大学での経験からすると，それほど簡単なことではありません。

以前，ある外資系の女性人事本部長が「企業は，表出されない能力には給与を支払えない。だから英語ができないということは，能力がないのと同じと見なされる」とおっしゃっていました。

英語で書かれた書類を英語のまま理解し，日本語を介さずに話せなければ，太刀打ちできない状況が増えています。自分の仕事の内容と英語を融合しておかなければ，いくら英語学校に通っても英語で仕事ができるようにはならないでしょう。

Topic 4

会議・打ち合わせ

Unit 13　会議・打ち合わせ

Let's see if they have come up with anything…

何か解決策は見つかったのか聞いてみましょう…。

STEP 1 ‹2›‹3›　課題の解決策の見通しについて伝えたいことをまとめよう

神戸での会議から数日後，明らかになったプロジェクトの課題を
神戸支社のマネジャーと再度話し合うことに

We had a meeting with the Kobe team. They understood our ultimate goal, but they pointed out some issues. As we suspected, they won't have enough manpower to ship all the new orders. They also said that they might not have enough space to store the increased amount of inventory.

We left Kobe asking them to figure out a way to solve these issues. Let's see if they have come up with anything…

CAN-DO
- ☑ 打ち合わせの内容をまとめられる
- ☑ 相手の状況や検討結果を聞き出せる

　私たちは，神戸のスタッフと会議をしました。彼らは，我々の最終目標を理解してくれましたが，問題点をいくつか指摘しました。心配したとおり，新しい注文分を出荷するだけの人手がないということです。また，増加する在庫を保管する十分なスペースもないかもしれないとのことでした。

　私たちは，これらの問題点を打開する方法を考えてもらうよう彼らにお願いして，神戸をあとにしました。何か解決策は見つかったのか聞いてみましょう…。

Words

290	point out ~	~を指摘する
291	suspect	~と思う，~と疑う
292	store	~を保管する
293	come up with ~	~を思いつく

Key Phrase: They won't have enough manpower to ship all the new orders.

新しい注文分を出荷するだけの人手がないということです。

have enough ～で「～が十分にある」の意味です。ここでは否定の形で使われていますので、「十分な～がない」となっています。後ろに to ＋動詞を置くことにより「…するだけの」という意味を加えることができます。

例 We don't have enough manpower to handle all the incoming calls.
（かかってくる電話に対応するだけの人手がないのです。）

manpower（人員，労働力）の他にも，以下のような語を入れて，表現の幅を広げることができます。

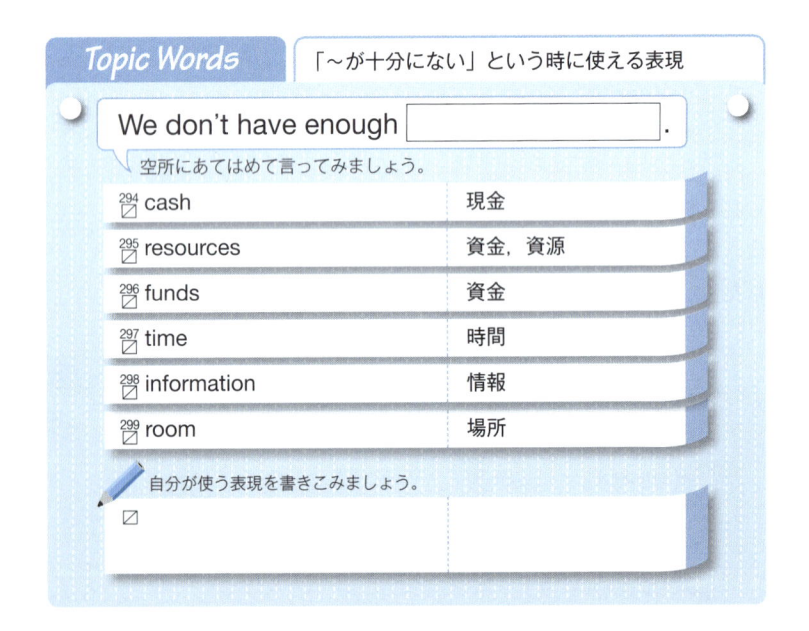

Topic Words 「～が十分にない」という時に使える表現

We don't have enough _____.

空所にあてはめて言ってみましょう。

294 cash	現金
295 resources	資金，資源
296 funds	資金
297 time	時間
298 information	情報
299 room	場所

自分が使う表現を書きこみましょう。

Topic 4 会議・打ち合わせ | Unit 13

Key Phrase: We left Kobe asking them to figure out a way to solve these issues.

私たちは，これらの問題点を打開する方法を考えてもらうよう彼らにお願いして，神戸をあとにしました。

leave ＋場所＋…ing で，「…して〜を発つ」という意味を表します。ここでは asking them to …となっていますので，「…することを神戸のスタッフに頼んで神戸を発った」ということになります。例文を見てみましょう。

例 I left Osaka thinking that I'd come back soon, but I ended up living in New York.
（すぐに戻ってくるだろうと思いながら大阪をあとにしましたが，結局ニューヨークで暮らすことになりました。）

Key Phrase では「〜を解決する」を表す語句として，figure out 〜を使っています。類義語には以下のような語があります。

Topic Words　解決したことを表す表現

#	語	意味
300	solve	〜を解決する
301	overcome	〜を乗り越える
302	fix	〜を解決する
303	resolve	〜を解決する
304	settle	〜を解決する

自分が使う表現を書きこみましょう。

STEP 2 — 課題の解決策の見通しに関する質問に答えられるようになろう

What was the Kobe team's reaction?
神戸のスタッフの反応はいかがでしたか。

Well, they understood our goal, but they also pointed out some issues.
ええと,我々の目標を理解してくれたのですが,いくつか問題も指摘されました。

What were the issues?
問題とは何ですか。

They said they won't have enough manpower, and they might not have enough space for the increased amount of inventory.
人員が足りないということ,それから増加する在庫を置くだけのスペースがないかもしれないということです。

Words

| 305 reaction | 反応 |

Topic 4 会議・打ち合わせ | Unit 13

How are you going to tackle those issues?
それらの問題にどう対処するつもりですか。

We asked the Kobe team to come up with some ideas. Then, we'll go from there.
神戸のスタッフに何かアイディアを出してもらえるように頼みました。それを聞いてから考えます。

Did they come up with anything?
神戸のスタッフは何か思いついたでしょうか。

I don't know yet. We're supposed to have a video conference today, so I'll find out soon.
まだわかりません。今日ビデオ会議を予定しているので、もうすぐわかるでしょう。

Words

306 tackle	～に対処する
307 be supposed to ...	…することになっている
308 video conference	ビデオ会議

STEP 3 課題を共有しながら会話をつづけられるようになろう

神戸支社のマネジャーとビデオ会議をしている直輝

M: Hi, I want to thank you for coming all the way here the other day.

こんにちは。先日はわざわざお越しいただきありがとうございました。

N: Not at all. So, have you come up with anything?

とんでもありません。それで，何かいい案は出ましたか。

M: I'm afraid not. Our tech team and I reconsidered your plan one more time after you left. But we don't think it'll work.

残念ながら…。お帰りになったあと，こちらの技術チームと私でもう一度計画を見直してみたのですが，やはり無理だと思います。

N: Are you sure about that?

それは確かですか。

M: Yes. We went over the figures again and again. We just don't have enough manpower to ship so many orders.

はい。何度も数字を見直してみたのですが，これほどたくさんの注文品を出荷するだけの人員がいません。

N: I see. How about the space issue?

なるほど。スペースの問題はいかがですか。

Topic 4 会議・打ち合わせ | Unit 13

M: No, we can't create enough space to store the increased amount of inventory, either. Sorry I can't be of more help.

だめです。増加する在庫を置いておくだけのスペースも作れません。お役に立てず申し訳ありません。

N: No, no. You've done enough. Thank you for trying. I'll take it to my boss and see what we can do about it. I'll let you know.

いえいえ。十分にしていただきました。ご尽力いただきありがとうございます。どうしたらいいか上司に掛け合ってみます。結果をお知らせしますね。

Words

| 309 reconsider | 〜を再考する |
| 310 figure | 数字 |

Unit 14 会議・打ち合わせ
I have an appointment with our boss, Mr. Brown.

上司のブラウンさんと打ち合わせの予定があります。

STEP 1 〉2〉3〉 上司との打ち合わせについて伝えたいことをまとめよう

明らかになった大きな問題点を上司のブラウン氏に報告する直輝

I have an appointment this afternoon with our boss, Mr. Brown, the head of the IT department. I'm going to talk to him about the problems we are facing. I also have to tell him that we miscalculated our figures.

He's a tough guy. I hope he doesn't get angry. I really want this project to succeed, so I'm ready to persuade him and secure all the necessary resources!

CAN-DO
- ☑ プロジェクトの問題点を上司に報告できる
- ☑ 問題点を解決するためのアクションを上司に提案できる

　今日の午後，IT 部門のトップである我々の上司のブラウンさんと打ち合わせの予定があります。ブラウンさんに，我々が今直面している問題について話すつもりです。計算ミスをしていたことも話さなくてはなりません。

　ブラウンさんは厳しい人です。怒りださないといいのですが。このプロジェクトをどうしても成功させたいと思っていますので，ブラウンさんを説得し，必要な資源を確保する心づもりはできています！

Words

311 miscalculate	〜の計算を誤る
312 persuade	〜を説得する
313 secure	〜を確保する

Key Phrase: I have an appointment this afternoon with our boss.

今日の午後，我々の上司と打ち合わせの予定があります。

have an appointment with ～は，会議や打ち合わせなどの約束がある，と言いたい時に便利な表現です。人と会う約束全般に使えるだけでなく，医者の予約や就職の面接などの約束があると言いたい時にも使えます。「～（人）との約束」と言いたい時の前置詞として，主に with を使いますが，病院などの予約があると言いたい時には at を使うこともあります。また，アポの具体的な内容や日程を言う時には，for を使うこともあります。「アポを取る」と言いたい時には make an appointment を使います。

例 I have an appointment next week for my interview.
（来週面接の約束があります。）

I have an appointment with our corporate lawyer on May 13th.
（5月13日に，社の顧問弁護士とのアポがあります。）

I made an appointment to see our biggest client tomorrow.
（明日，我が社の最も大口の顧客と会うアポを取りました。）

Topic 4 会議・打ち合わせ | Unit 14

Key Phrase

Mr. Brown is a tough guy.

ブラウンさんは厳しい人です。

tough は，ものなどについて「頑丈な」という意味や，仕事などが「きつい」という意味で使われます。また，Key Phrase のように，人を形容する際にも使われます。ここでは直輝が，自分の上司に対して「厳しい人」であると説明するのに使っていますね。上司にもさまざまなタイプの人がいると思います。自分の上司を紹介する際に使えるような形容詞を以下に紹介します。

Topic Words　上司を紹介する時に使える表現

She's 〔He's〕 a 〔an〕 _____ person.

空所にあてはめて言ってみましょう。

#	英語	日本語
314	dependable	頼れる
315	frank	気さくな
316	friendly	気さくな
317	capable	能力のある
318	helpful	協力的な
319	supportive	支えになってくれる
320	easygoing	おおらかな
321	approachable	親しみやすい
322	harsh	手厳しい

自分が使う表現を書きこみましょう。

STEP 2 上司との打ち合わせに関する質問に答えられるようになろう

Who do you have an appointment with this afternoon?
今日の午後はどなたとアポがありますか。

With Mr. Brown. I'm a little nervous about seeing him.
ブラウンさんとです。お会いするのに少し緊張しています。

Why are you nervous?
なぜ緊張しているのですか。

I have to tell him about the problems we are facing. I feel like it's all my fault…
我々が直面している問題について話さないといけないからです。すべて自分のせいのような気がしています…。

Words

323 fault	責任, 落ち度

Topic 4 会議・打ち合わせ | Unit 14

Why do you think it's your fault?

なぜ自分のせいだと思うのですか。

Because we miscalculated our figures, and we didn't realize that until now. We're already half way through our project.

計算ミスをしたからです。そして今に至るまでそれに気付かなかったのです。すでにプロジェクトも半分まできているのに。

What are you going to do?

どうするのですか。

I just have to persuade him to give me a chance to talk at the management meeting. Not only my career but also the future of the company depends on the project.

経営会議で話をする機会をもらえるようブラウンさんを説得するだけです。私のキャリアだけでなく,我が社の命運がこのプロジェクトにかかっているのです。

STEP 3 上司に問題点を報告しながら会話をつづけられるようになろう

不安を抱えながら直輝はブラウン氏のもとへ

N: Thank you for taking the time to meet with me, Mr. Brown.

ブラウンさん,お時間をいただき,ありがとうございます。

B: Sure. What do you want to talk to me about today?

もちろん。今日話したいことって何ですか。

N: Well, it's about the project we've been working on. After the meeting with the Kobe team, we realized that we don't have enough manpower or enough space at the Kobe Distribution Center.

ええ,ずっと取り組んでいる例のプロジェクトについてなのですが。神戸のスタッフとの会議のあと,十分な人員とスペースが神戸の配送センターでは確保できないことがわかりました。

Topic 4 会議・打ち合わせ | Unit 14

B: You didn't realize that until now?

今までそれに気付かなかったのか？

N: I'm afraid not. We miscalculated our figures. But we must do everything we can to secure all the necessary resources.

はい，そうなんです。計算にミスがありまして。しかし，必要な資源を確保するために，手を尽くさなくてはなりません。

B: What do you need from me?

私にどうしてほしいと？

N: Well, I want to persuade the management team to invest more money in our project. It'd be great if you could give me a chance to talk at the management meeting.

はい，我々のプロジェクトにもっと資金を注入するよう経営陣を説得したいのです。経営会議で話をする機会をいただけたらと思うのですが…。

B: Well, it's not entirely impossible… Let me see what I can do.

まあ，不可能ではない。何とかしてみよう。

Words

| 324 invest | ～を投資する |

Unit 15 会議・打ち合わせ
Singh thinks outside the box.

シンは既成概念にとらわれずに考えます。

STEP 1　課題の解決のための打開策について伝えたいことをまとめよう

ブラウン氏との話し合いを受け，何度も数字と向き合う直輝
しかし，これという突破口はなかなか見えてこない…

I've gone over the figures again and again, and the numbers still don't add up. Even if we add more part-time workers, we still won't have enough manpower or enough space in Kobe. If we can't solve this problem, our project will fail.

I'm going to ask Singh to redo the numbers. He thinks outside the box, so he might come up with a solution. Not many people know this, but he's one of the best engineers in Japan.

CAN-DO

☑ 問題点を整理して解決に向けた選択肢を提示できる
☑ 部下に対して，問題解決のための指示を出せる

　数字を何度も何度も見直してみましたが，やはり計算が合いません。パート従業員を増やしても神戸で十分な人手が確保できませんし，スペースも足りません。この問題を何とかしないと，プロジェクトは失敗に終わってしまいます。

　シンにもう一度数字を洗い直すよう頼むつもりです。シンは既成概念にとらわれずに考えるので，解決策を見出してくれるかもしれません。知っている人は少ないのですが，実はシンは国内屈指のエンジニアなんです。

Words

325 add up	計算が合う
326 redo	〜をやり直す
327 think outside the box	既成概念にとらわれずに物事を考える

Key Phrase: I've gone over the figures again and again.

数字を何度も何度も見直してみました。

I've gone over は I have gone over を短縮した形で，go の過去分詞の形が使われています。go over 〜は「〜をやり直す」という意味です。again and again と again を二度繰り返すことにより，「何度も何度もやったんだ」ということを強調しています。

例 Sam went over the report again and again.
（サムはその報告書に何度も何度も目を通した。）

ここでは，会議や資料などに関わる語を以下に紹介します。

Topic Words — 会議や資料に関する表現

328	handout	配布資料
329	visual aids	視覚資料
330	reference	参考資料
331	summary	要旨，概要，レジメ
332	presentation slides	講演用スライド
333	appendix	付録資料

自分が使う表現を書きこみましょう。

Topic 4 会議・打ち合わせ | Unit 15

Key Phrase

He thinks outside the box, so he might come up with a solution.

シンは既成概念にとらわれずに考えるので，解決策を見出してくれるかもしれません。

think outside the box は，「既成概念にとらわれず考える，既存の枠組に縛られず考える」という意味の慣用句です。想像力が豊かで斬新なアイディアを出すことができるということですね。基本的にはポジティブな意味で用いられます。インドから来たお調子者のシンですが，本当はすごい人材だったのですね。パート従業員を増やすという以外にシンはどのような打開策を思いつくのでしょうか。ここでは，さまざまな雇用形態を表す語を紹介します。

Topic Words 雇用形態を表す表現

334	full-time worker	正社員
335	full-timer	正社員
336	permanent employee	正社員
337	part-timer	パート従業員
338	contract employee〔worker〕	契約社員
339	freelance	フリーランス
340	temporary worker〔staff〕	派遣社員
341	sole proprietor	個人事業主
342	home worker	在宅ワーカー

自分が使う表現を書きこみましょう。

STEP 2 — 課題の解決のための打開策に関する質問に答えられるようになろう

How many times did you go over the figures?
何度数字を見直したんですか。

Oh, again and again. I've memorized all the numbers now.
ああ、何度も何度もですよ。数字を全部暗記してしまいました。

Have you thought about adding part-time workers?
パート従業員を増やしてみることは考えましたか。

Of course. But it's not going to help. We need something more drastic.
もちろん。でも、それでは解決しません。もっと思い切った手段が必要です。

Words

343	memorize	～を覚える、～を記憶する
344	drastic	思い切った、極端な

Topic 4 会議・打ち合わせ | Unit 15

What happens if you can't solve these problems?

この問題を解決できないとどうなるのですか。

Our project will fail. And we might end up falling far behind our competitors.

プロジェクトが頓挫してしまいます。結果として，競合他社に相当な後れをとることになりかねません。

What are you going to do now?

ではどうするんですか。

I'll ask Singh to redo the numbers. He's the best one for the job.

シンに計算をやり直してもらうことにします。シンにやってもらうのが一番です。

STEP 3 課題の解決方法を提案しながら会話をつづけられるようになろう

プロジェクトの打ち合わせをする直輝とメアリー

N: The numbers still don't add up! It's so frustrating!

まだ帳尻が合わないよ！いらいらするなあ！

M: They don't? Have you thought of adding more part-time workers?

そうなの？ パート従業員を増やすことは考えてみた？

N: Of course, but we still won't have enough manpower. And there's still the space issue…

もちろん。それでも人員が足りないよ。スペースの問題もあるし…。

M: Hmm… What are we going to do now?

うーん…。どうするつもり？

Topic 4 会議・打ち合わせ | Unit 15

N: I think I should ask Singh to redo the numbers. | シンに計算をし直してもらおうかと思ってる。

M: Again? Do you think he can come up with a solution? | また？ シンは解決策を導き出せると思う？

N: He might seem like a joker, but he got his degree at MIT. He's one of the best engineers in Japan. | お調子者に見えるかもしれないけど，シンは MIT で学位をとってるんだ。国内でも指折りのエンジニアなんだよ。

M: Well, well… Never judge a book by its cover! | まあまあ…。見かけで判断しちゃいけないわね！

Words

345	frustrating	いらいらする
346	joker	冗談好きな人
347	degree	学位
348	MIT	マサチューセッツ工科大学
349	cover	表紙

Unit 16 会議・打ち合わせ
That way, our project might have a shot at succeeding.

そうすれば、このプロジェクトも成功の可能性があるということです。

STEP 1　部下からの提案について伝えたいことをまとめよう

課題の解決策をシンと一緒に探る直輝
シンが提案する唯一の方法とは…

Singh says that no matter how many workers we have in Kobe, it won't be enough. And the building is too small for the increased amount of inventory... Kobe just can't handle all the orders.

He said that the only way to overcome this situation is to build a new distribution facility. That way, our project might have a shot at succeeding. His plan will cost a lot of money, so we'd better provide the management team with reliable numbers.

> **CAN-DO**
> - ☑ 部下との検討結果を要約できる
> - ☑ 部下からの提案に対して懸念点を指摘できる

　シンは，神戸に何人の人員がいようと十分ではないと言っています。それに増加分の在庫を抱えるには建物が小さすぎると…。神戸はどうやってもすべての注文に対処できないのです。

　シンは，この状況を打破するたった一つの方法は，新しい配送センターを建設することだと言いました。そうすれば，このプロジェクトも成功の可能性があるということです。シンの計画は相当なコストがかかりますから，経営陣には信頼性の高い数字を見せなければなりません。

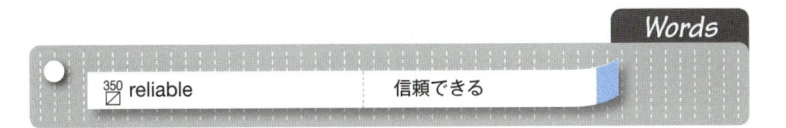

Words

| 350 | reliable | 信頼できる |

Our project might have a shot at succeeding.

このプロジェクトも成功の可能性があるということです。

have a shot at ～は,「～の可能性がある」という意味の慣用句です。have a possibility of ～などで言い換えることも可能ですが, have a shot at ～と言うとこなれていてかっこいい感じがしますね。プロジェクトの進行状況はその時々に応じて刻々と変化します。そのような状況を伝える際に使える表現を学びましょう。

例 The project has been delayed.
（プロジェクトは遅れています。）
The project has been canceled.
（プロジェクトは中止となりました。）
The project is going well.
（プロジェクトは順調です。）
The project is ahead of schedule.
（プロジェクトは予定より早く進んでいます。）
The project is under-budgeted.
（プロジェクトは予算不足です。）
The project is on a tight budget.
（プロジェクトの予算は厳しいです。）
The project has been completed.
（プロジェクトは完了しました。）
The project is underway.
（プロジェクトは進行中です。）

Topic 4 会議・打ち合わせ | Unit 16

Key Phrase: We'd better provide the management team with reliable numbers.

経営陣には信頼性の高い数字を見せなければなりません。

we'd better ...は we had better ...を短縮した形です。「…しないと大変なことになる」といったニュアンスで，should よりもやや強い意味で使われます。provide という動詞は with を伴って，provide ＋人＋with ～という形で使われますので，注意しましょう。ここでは，「reliable numbers（信頼できる数字）を経営陣に準備しないと」と言っています。number を修飾するさまざまな形容詞を紹介しますので，積極的に使ってみましょう。

Topic Words — 「数字」を形容する時に使える表現

#	表現	意味
351	concrete	確実な，明確な
352	credible	信頼性のある
353	achievable	実現可能な
354	reachable	到達可能な
355	hard	確実な
356	general	おおまかな
357	specific	具体的な

自分が使う表現を書きこみましょう。

STEP 2 部下からの提案に関する質問に答えられるようになろう

🔊 92

Does Singh think Kobe can handle all the orders?

シンは神戸ですべての注文をさばけると考えていますか。

No, he thinks it's impossible. Even adding more part-time workers won't help. Looks like a dead end…

いいえ，不可能だと考えています。パート従業員を増やしてもだめです。行き詰まりって感じですね…。

🔊 93

Is there any way to overcome the situation?

この状況を打破する方法はあるのですか。

According to Singh, the only way is to build a new distribution center. But it's going to cost a huge amount of money.

シンによると，たった一つの方法は，新しい配送センターを作ることです。でもこれにはとてつもないコストがかかります。

Topic 4 会議・打ち合わせ | Unit 16

Does Singh think that the project has a shot at succeeding?

シンは，このプロジェクトが成功する可能性はあると考えていますか。

Yes, but only if we do what he says. In business, you have to take risks sometimes.

はい。ただし，シンの提案どおりにしたら，ですが。ビジネスにおいては，時にはリスクをとることも必要です。

What do you need to persuade the management team?

経営陣を説得するためには何が必要ですか。

We have to present them with reliable numbers. And with a two-thirds approval from the management team, we can secure the resources we need.

経営陣に確実な数字を提示しないといけません。そして経営陣の三分の二の票があれば，必要な資源を確保できます。

STEP 3　部下からの提案を検討しながら会話をつづけられるようになろう

シンの用意した資料に目を通しながら説明を聞く直輝

N: So, have you come up with anything？

で，何か思いついたか？

S: Well, to be honest, I don't think Kobe can handle all the orders. I've been crunching the numbers, but I just don't see how it's possible.

うーん，正直言って，神戸がすべての注文をさばくのは無理だと思います。ずっと計算をしてるんですが，どうやっても不可能です。

N: All right. What do you suggest we do, then？

なるほど。どうすべきか，何か提案はあるのかい？

S: I think we should build a new distribution facility in Kanagawa. That way, there's a possibility that our project might have a shot at succeeding.

神奈川に新しい配送センターを建設すべきだと思います。そうすれば，このプロジェクトが成功する可能性が出てきますよ。

N: It's good to know that there's a possibility. But it's going to cost a lot of money, right？

可能性があるんだな。それはよかった。でもコストがかなりかかるだろう？

S: Yes, but we'll make a lot, too, if we can expand our market. I'll try to calculate the actual numbers.

はい。でも市場を拡大できれば，入ってくるお金も増えますから。実際の数字がどのくらいになるか，計算してみますね。

N: Great, because I'd like to go to the management meeting and provide them with reliable numbers.

そうしてくれ。経営会議で信頼性の高い数字を出さないとならないからな。

S: Yeah, I can get it done by Monday. I don't have anything better to do this weekend anyway.

了解です。月曜までに仕上げます。どうせ今週末は他にやることもないし。

Words

| 358 crunch | ～を大量に計算する |

英語スピーキング講座 ④

表現を丸覚えしてもダメなのか

　人間は不得意なものに関しては効率的に時間をかけずにマスターしたいと思いがちです。英語が不得意な場合もそのように考えるものです。

　こういう人たちの心を見透かしたように，英語学習教本の多くに，簡単に効率的に英語を覚えられるかのようなタイトルがついています。しかし，そういう本は瞬間的には売れても，ロングセラーになっているものはほとんどありません。力がつかないからです。

　文脈のない英語表現や英語のフレーズを丸覚えしようとしても，なかなか記憶に残りません。たとえ覚えたとしても，どのような相手に，どのような状況で使うのかということも情報としてインプットしておかないと，適切に使えない場合がよくあります。英語表現のニュアンスを正しく理解するためにも文脈が必要です。

　練習して覚えようとする表現が1文であっても，文脈の中でどう使われているかということをある程度わかったうえで練習すると効果があがるのです。

　そのためには，NHK E テレの「おとなの基礎英語」や「しごとの基礎英語」のようにドラマ仕立てになっている教材がよいです。少し英語力のある方であれば，オフィスでのシーンが多い映画も教材として適しています。どのような状況で，どのような相手に，何の目的の会話をしている時に使ったかという「文脈」の情報もわかったうえで，表現を覚えるのがよいのです。

　ビジネスなどの実践の場で聞いて覚えた表現は定着しやすく，しかも忘れないのは，「文脈」があるからなのです。

Z会の通信教育

いつからでも始められます

TOEIC®対策

■100UPシリーズ　　　　　　　　　　　　　　　　各20,160円(税込)

講座	期間
TOEIC®テスト 400点突破 100UPトレーニング	3カ月
TOEIC®テスト 500点突破 100UPトレーニング	3カ月
TOEIC®テスト 600点突破 100UPトレーニング	2カ月
TOEIC®テスト 700点突破 100UPトレーニング	2カ月
TOEIC®テスト 800点突破 100UPトレーニング	2カ月

教材例
600点突破

■100UPシリーズ　動画講義版　　　　　　　　　　各20,160円(税込)

講座	期間
TOEIC®テスト 400点突破 100UPトレーニング 動画講義版	3カ月
TOEIC®テスト 500点突破 100UPトレーニング 動画講義版	3カ月
TOEIC®テスト 600点突破 100UPトレーニング 動画講義版	2カ月
TOEIC®テスト 700点突破 100UPトレーニング 動画講義版	2カ月

■徹底シリーズ

TOEIC®テスト 500点突破 徹底トレーニング	6カ月	36,288円(税込)
TOEIC®テスト 800点突破 徹底トレーニング	6カ月	45,360円(税込)
TOEIC®テスト 動画講義 徹底英文法	2カ月	20,160円(税込)

www.zkai.co.jp/ca/

Z会の通信教育

いつからでも始められます

TOEFL®対策

TOEFL®テスト iBT80突破	3カ月	142,971円(税込)※
TOEFL®テスト iBT80突破 Speaking対策	1カ月	41,142円(税込)※
TOEFL®テスト Writing【レギュラー】	3〜6カ月	40,114円(税込)
TOEFL®テスト Writing【ハーフ】	2カ月	21,600円(税込)

動画講義 123本

Web添削 12回

教材例 iBT80突破

ビジネス英語

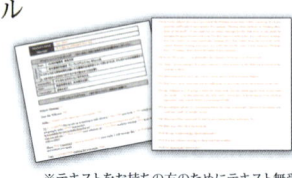

英文ビジネスEメール	3カ月	28,800円(税込)※

Web添削 10回

※テキストをお持ちの方のためにテキスト無受講料の設定もあります。詳しくはWebへ。

■「公務員」「教員採用」「簿記」「文章表現」「大学院入試」もございます。詳しくはWebへ■

www.zkai.co.jp/ca/
Z会キャリアアップコース

カスタマーセンター TEL: 0120-919-990
受付時間　月曜日〜土曜日　午前9:00〜午後5:30
(年末年始を除く、祝日も受付)
FAX: 0120-919-462　E-mail: ca@zkai.co.jp

Topic 5

プレゼン

Unit 17 プレゼン
We could be out of business in a few years!
数年後には，倒産もあり得るのですから！

STEP 1 プレゼンに必要な資料について伝えたいことをまとめよう

シンからの大きな提案を受け，経営陣を説得するための資料集めを始めた直輝たち

Singh came up with new numbers. They show how much the new facility and added manpower will cost. But I told him that's not enough to persuade the management team to go along with us.

We need to emphasize how much profit we can make after we implement our plan. Most importantly, we must show them how much money our company might lose if we fail. We could be out of business in a few years!

> **CAN-DO**
> ☑ プレゼンに必要な資料について相談できる
> ☑ プレゼンに対する質問を想定して内容を相談できる

　シンは新しい数字を出してきました。新しい施設と人員増加にいくらかかるかを示すものです。しかし，私はシンに，これだけでは経営陣の支持を得るには不十分だと言いました。

　この計画を実施したらどのくらいの利益が生まれるのか，ということを強調する必要があります。最も重要なのは，この計画が失敗すると，我が社がどのくらいの損失を出すかを示すことです。数年後には，倒産もあり得るのですから！

Words

359	emphasize	〜を強調する
360	implement	〜を実行する

Key Phrase

But I told him that's not enough to persuade the management team to go along with us.

しかし,私はシンに,これだけでは経営陣の支持を得るには不十分だと言いました。

経営会議 (management meeting) でプレゼンをすることになった直輝は,経営陣の賛同を得るために,必死に準備をしています。p.116 で学習したとおり,enough to ... は「…するのに十分な」という意味になります。ここでは persuade が後ろに続いていますので,「説得するのに十分な」ということです。経営陣を説得するのに十分な主張の裏付けを用意できるのでしょうか。以下に,さまざまな会議の英語名称を紹介します。

Topic Words — 会議の種類を表す表現

361	planning meeting	企画会議
362	sales meeting	営業会議
363	monthly meeting	月例会議
364	annual meeting	年次会議
365	board meeting	重役会議
366	strategy meeting	戦略会議
367	budget meeting	予算会議
368	kick-off meeting	キックオフミーティング,発足会議
369	lunch meeting	ランチミーティング

自分が使う表現を書きこみましょう。

Topic 5 プレゼン | Unit 17

Key Phrase: We could be out of business in a few years!
数年後には，倒産もあり得るのですから！

Key Phrase で使われている be out of business は「倒産する，事業撤退する」という意味があります。in a few years は「数年の間に」です。他にも，in the near future（近い将来に），in a decade（10年の間に），any time soon（今にも）など，いつ頃（倒産が）起こるのかを表す語句を入れることができます。be out of business と同意で使われる語や，その他の経営危機に関連する語句を紹介しますので，声に出して覚えましょう。

Topic Words — 経営危機に関する表現

#	表現	意味
370	go out of business	倒産する
371	go〔become〕bankrupt	破産する，倒産する
372	go under	（事業などが）失敗する
373	go bust	倒産する
374	go broke	破産する
375	be in deficit	赤字で
376	be in the red	赤字で
377	be in crisis	危機的な状況で
378	be in financial difficulties	経営難で
379	bail out	救済する
380	bailout	（企業などへの）救済措置

自分が使う表現を書きこみましょう。

STEP 2 プレゼンに必要な資料に関する質問に答えられるようになろう

98
Did Singh come up with new numbers?
シンは新しい数字を提案しましたか。

Yes, he did. He came up with the total cost of the added manpower and the new facility. He's really good with numbers.
はい。人員増加と新しい施設のコストの総計を出してくれました。シンは本当に数字に強いんです。

99
Do you think you can use those figures in your presentation?
その数字をプレゼンで使えそうですか。

I do. But it's not enough. We need more to persuade the management team.
はい。でも十分ではないですね。経営陣を説得するためにはもっと数字が必要です。

Topic 5 プレゼン | Unit 17

What kinds of figures do you need to persuade the board?
経営陣を説得するためにはどんな数字が必要ですか。

We need to know how much we're going to make after we implement our plan. We also have to calculate the risk of failing.
計画を実施した場合，どのくらいの収益が出るかを見ておくことが必要です。また，失敗した場合のリスクも計算しないといけませんね。

What could happen if the plan fails?
計画が失敗した場合，どうなりますか。

We could be out of business in a few years. Then, we'll all lose our jobs!
数年で会社が倒産するかもしれません。そうしたら，我々みんな失業してしまいます！

Words

| 381 | calculate | ～を計算する |

STEP 3 プレゼンに必要な資料を確認しながら会話をつづけられるようになろう

週が明け,シンがまとめた資料を確認する直輝

N: So, what's your analysis? Let me see it.

それで,どういう分析になった? 見せてくれ。

S: This figure is the total cost for added manpower. And this is the total cost for building the new facility.

この数字は,人員を増やした場合のコストの総計です。そしてこちらは,新しい施設を建てる際のコストです。

N: Is that all you have for me? This won't persuade the management team to go along with us!

用意したのはこれだけ? これじゃあ経営陣を取り込むことはできないよ!

S: I spent all weekend working on it... What else do you want?

週末はこれにかかりきりだったんだけどなあ…。あとは何が必要ですか。

N: We need to emphasize how much profit we can make after we implement our plan — and how much we might lose if we fail.

この計画を実施した時に,どのくらいの利益が生まれるのかを強調する必要があるんだ。それから,この計画が失敗すると,我が社がどのくらいの損失を出すかだな。

Topic 5 プレゼン | Unit 17

S: Well, I'm not a fortune teller, you know.

うーん，僕は占い師じゃないんだよなあ。

N: Singh, this is very serious. We could be out of business in a few years!

シン，これはとても深刻な話だぞ。数年後には，倒産もあり得るんだから！

S: OK, OK... When do you need the data?

わかりましたってば…。いつデータが必要ですか。

N: By tomorrow morning. You'd better get on it!

明日の朝までだ。すぐに取りかかってくれ！

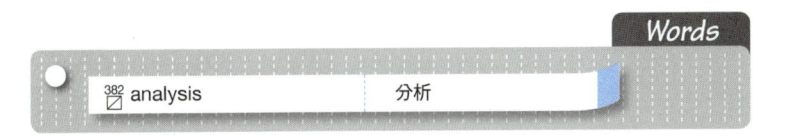

Words

| 382 analysis | 分析 |

Unit 18 プレゼン
Mary says I don't sound passionate enough.

メアリーは，情熱が伝わらないと言います。

STEP 1 ｜ プレゼンをする際の注意点について伝えたいことをまとめよう

シンの資料作りが進む中で，直輝とメアリーはプレゼンの準備

Mary and I are working really hard to make the presentation successful. It's not too much to say that our project is going to determine the future of our company.

Mary is being really tough on me. She pointed out that my presentation is not logical enough and that the visual aids are not effective. But above all, she says I don't sound passionate enough. I really have to work on that before the presentation day.

CAN-DO
- ☑ プレゼンに臨む意気込みを語ることができる
- ☑ プレゼンの際の注意点についてアドバイスを求められる

メアリーと私は，プレゼンを成功させるために一生懸命取り組んでいます。このプロジェクトが我が社の命運を握っていると言っても大げさではありません。

メアリーは私に厳しい要求を出しています。私のプレゼンの論理が十分ではなく，また視覚資料も効果的でないと指摘しました。でも何よりも，情熱が伝わらないと言います。プレゼンの日までにそれに取り組まないとなりません。

Words

383	tough	厳しい
384	logical	論理的な
385	effective	効果がある
386	above all	中でも，何よりも
387	passionate	情熱的な

Key Phrase

Mary and I are working really hard to make the presentation successful.

メアリーと私は，プレゼンを成功させるために一生懸命取り組んでいます。

プレゼンを成功させるために協力する直輝とメアリー。Key Phrase では，work hard という表現を使って，「一生懸命取り組んでいる」と言っています。work hardという表現は，仕事だけではなく，勉強や人間関係，料理など，さまざまなことに対して「（上達するために，よくするために）がんばっている」と言いたい時に使えます。さて，ここではプレゼンに関連する，覚えておくと便利な語彙を紹介します。日本語になっているものもありますが，改めて確認しておきましょう。

Topic Words｜プレゼンに関する表現

388	presenter	プレゼンター，発表者
389	audience	聴衆
390	script	台本
391	pointer	ポインター
392	graph	グラフ，図式，図表
393	bar graph〔chart〕	棒グラフ
394	pie graph〔chart〕	円グラフ
395	line graph〔chart〕	折れ線グラフ

自分が使う表現を書きこみましょう。

Topic 5 プレゼン | Unit 18

Key Phrase: She says I don't sound passionate enough.

彼女は，情熱が伝わらないと言います。

soundは，「～に聞こえる」という意味の動詞です。メアリーは直輝のプレゼンに対し，passionateという形容詞を否定文で使って，「熱心に聞こえない＝情熱が伝わらない」と言っています。soundのあとに以下のような形容詞を入れて，自分が聞いたプレゼンなどがどのように聞こえるか，率直な感想を伝えることができます。

Topic Words 「～に聞こえる」と伝える時に使える表現

396	positive	前向きな
397	confident	自信のある，自信に満ちた
398	calm	落ち着いた
399	confused	混乱した
400	defensive	身構えた
401	desperate	必死の，捨て身の
402	intense	激しい，真剣な
403	nervous	緊張した
404	rude	無礼な
405	rough	荒い
406	sure	確信して
407	serious	真剣な

自分が使う表現を書きこみましょう。

STEP 2 プレゼンをする際の注意点に関する質問に答えられるようになろう

Who are you working on the presentation with?
誰とプレゼンの準備をしているのですか。

With Mary. She's being tough on me, but I know it's because she's really serious about this.
メアリーです。厳しいですが,真剣に取り組んでいるからこそだということはわかっていますから。

What did Mary point out about your presentation?
プレゼンについてメアリーに何を指摘されましたか。

She said that it was not logical enough, and that the visual aids were not very good. I had to agree with her.
論理が十分でないことと,視覚資料があまりよくないことを指摘されました。同感せざるを得ませんでした。

Topic 5 プレゼン | Unit 18

What else did she say?

他にはメアリーはどんなことを言いましたか。

She also said that I don't sound passionate, and that's my biggest problem. I have so many things to work on…

情熱が伝わらない，それが一番の問題だと言われました。課題が山積みです…。

How are you going to work on that?

どうやって改善するつもりですか。

I don't know… Maybe I should record myself first and see how I do.

わかりません。まずは自分をビデオに撮って，どんなプレゼンをしているのか確認してみようかな。

Words

| 408 record | ～を録画する |

STEP 3 プレゼンへのアドバイスをもらいながら会話をつづけられるようになろう

メアリーにアドバイスをもらいながら,プレゼンのリハーサルをする直輝

M: I don't think that part is logical enough. And the numbers are too weak to prove your point.

その部分は論理が通ってないわ。数字もあなたの主張を裏付けるには弱すぎる。

N: OK. What do you suggest?

わかった。どうしたらいいかな。

M: I think you should change the order of the slides, and have Singh look for stronger evidence to prove your point.

スライドの順番を変えることね。それから裏付けするためのより確実な証拠をシンに探させたら。

N: I can do that.

それは可能だね。

M: But above all, you need to sound more passionate. I think you should look for a good presentation on the Internet, and learn from it.

でも何よりも,もっと熱く語らないと。インターネットでいいプレゼンを探して勉強してみたら。

N: That's a good idea. Any recommendations? Who is good at making presentations?

それはいい考えだね。おすすめはある? プレゼンがうまい人って誰だろうな。

M: Well, Steve Jobs, for one. And who else…? Maybe you could take a look at some American presidential speeches, too.

うーんと、スティーブ・ジョブズなんか一例ね。あとは誰かしら…。アメリカの大統領スピーチも見てみたらいいんじゃない。

N: I'll do that. I really have to persuade the management team to invest more money in our project.

そうするよ。このプロジェクトにもっと資金を投入してもらえるように経営陣を説得しないとならないからな。

Words

409 prove	～を証明する
410 evidence	証拠
411 recommendation	推薦
412 presidential	大統領の

Unit 19 プレゼン
It's important to stay one step ahead of our competitors.
競合他社より一歩先を行くのが重要なのです。

STEP 1 ⟩2⟩3⟩ プレゼン後の反応について伝えたいことをまとめよう

メアリー，シンと共に練り上げたプレゼンは無事に終了
あとは社長を含めた経営陣の判断を待つのみ…

The management members said my presentation was very compelling. But our company president, Ms. Rice, had some tough questions for me. She wanted to know why we needed to act so quickly, since our present business plan is already very profitable.

I told her we must keep our competitive edge. It's important to stay one step ahead of our competitors. Otherwise, we'll start losing customers.

CAN-DO

- ☑ プレゼンで伝えたいことを端的にまとめられる
- ☑ プレゼン後の質問に的確に答えられる

　経営陣は，私のプレゼンは非常に説得力があったと言いました。しかし，ライス社長には，いくつか厳しい質問をされました。社長は，既存の事業計画でもすでに非常に利益をあげているのに，なぜそんなに事を急がなければならないのかを知りたいとのことでした。

　私は，社長に競争力の優位性を保つべきだと言いました。競合他社より一歩先を行くのが重要なのです。そうでないと，顧客を失うことになってしまいます。

Words

413	present	現在の
414	profitable	利益になる
415	competitive edge	競争力，競争での優位性

Key Phrase

The management members said my presentation was very compelling.

経営陣は, 私のプレゼンは非常に説得力があったと言いました。

直輝のプレゼンは, compelling（説得力のある, 心を動かされる）というよい評価を得たようですね。ここでは, プレゼンをほめる際に使える形容詞を紹介します。心を動かされるようなプレゼンを聞いた時, good や great だけでは感動が伝わりませんね。表現の幅を広げられるよう覚えておきましょう。

Topic Words — プレゼンをほめる時に使える表現

Your presentation was _____ .

空所にあてはめて言ってみましょう。

416	persuasive	説得力のある, 人を引きつける
417	convincing	説得力のある, 納得させる
418	powerful	力強い
419	eloquent	人を動かす
420	adequate	まずまずの
421	accurate	的確な
422	meaningful	意義深い

自分が使う表現を書きこみましょう。

Topic 5 プレゼン | Unit 19

Key Phrase
But our company president, Ms. Rice, had some tough questions for me.

しかし，ライス社長には，いくつか厳しい質問をされました。

直輝は社長に厳しい質問を受けたようです。tough questions で「厳しい質問」の意になります。反対に，「簡単な質問」と言いたい時は easy questions と言います。さて，ここでは，社内での役職を表す語彙を紹介します。最近では，「ゼネラルマネジャー」,「ディレクター」など，日本の企業もカタカナの肩書きをつける傾向があるようですね。ビジネスの相手がどういったポジションの人物なのかを理解するために，以下の語彙を頭に入れておきましょう。しかし企業によって役職の呼び方は異なりますので，ケースバイケースで判断する必要があります。

Topic Words　会社での役職を表す表現

423 CEO (Chief Executive Officer)	最高経営責任者
424 COO (Chief Operating Officer)	最高執行責任者
425 CFO (Chief Financial Officer)	最高財務責任者
426 president	取締役社長
427 managing director	常務取締役
428 director	役員，取締役
429 general manager	部長
430 manager	部長，課長
431 chief	課長，係長

自分が使う表現を書きこみましょう。

STEP 2 プレゼン後の反応に関する質問に答えられるようになろう

110

What did the management team think of your presentation?

経営陣はあなたのプレゼンをどう思ったのですか。

They said it was very compelling. I was relieved to hear that.

非常に説得力があったと言っていました。それを聞いてほっとしました。

111

What did your company president think of it?

社長はどう思っていましたか。

She thought it was good. However, she had some tough but legitimate questions for me.

評価はしていました。しかし，厳しくも当然の質問をいくつか私に尋ねました。

Words

| relieved | ほっとした，安心した |

Topic 5 プレゼン | Unit 19

What did she ask?
社長はあなたに何を聞いたのですか。

She wanted to know why we had to act so quickly. I anticipated the question, so I think I handled it well.
なぜ急がなくてはならないのかを知りたがっていました。その質問は想定していましたので,うまく答えられたと思います。

What did you tell her?
何と答えたんですか。

I told her that unless we build the facility now, our business won't survive.
今施設を作らないと,この会社が生き残ることはできない,と伝えました。

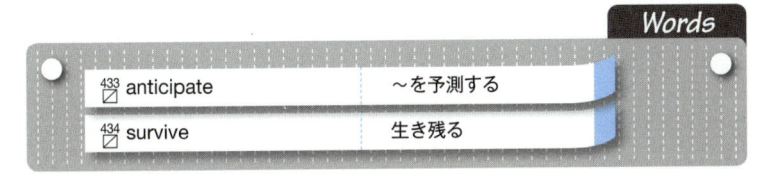

Words

| 433 anticipate | ～を予測する |
| 434 survive | 生き残る |

STEP 3　プレゼンに対する質問に答えながら会話をつづけられるようになろう

プレゼン後，ライス社長からの質問を受ける直輝

R: I have to agree with the management team. Your presentation was very compelling.

経営陣に同意しますよ。あなたのプレゼンは非常に説得力がありました。

N: Thank you, Ms. Rice.

ありがとうございます，社長。

R: But I still have some questions.

しかし，いくつか質問があります。

N: I'd be happy to answer any questions.

喜んでお答えいたします。

R: First of all, what's the rush? Our present business plan is already very profitable.

まずは，何をそんなに急いでいるのですか。現行の事業計画でもすでに十分利益をあげていますが。

N: Oh, yes, absolutely. But our competitors are trying to expand their markets, too. It's important to stay one step ahead.

ええ，はい，もちろんです。しかし競合他社も市場を拡大しようとしています。一歩先を行くことが重要なのです。

Topic 5 プレゼン | Unit 19

R: So, you don't think we can wait until next year to build the new facility?

では，新しい施設を建設するのは来年まで待てないとお考えですか。

N: Frankly speaking, no, I do not. We must keep our competitive edge. Otherwise, we'll start losing customers.

率直なところ，待てないと思います。競争で優位に立っておくべきです。そうでないと，顧客を失うことになってしまいます。

Words

| 435 frankly speaking | 率直なところ |

Unit 20 プレゼン
Ms. Rice asked me to meet with her in her office.
社長に，部屋に来るようにと言われました。

STEP 1 ② ③ プレゼンの結果について伝えたいことをまとめよう

後日，改めてライス社長に呼ばれた直輝
覚悟を決めて社長室へ向かう

Ms. Rice, our president, asked me to meet with her in her office. I was afraid that the managers voted against our proposal. But it was great news — they unanimously accepted all of our suggestions.

Ms. Rice thanked me for all my hard work on this project. I told her I couldn't have done it without Mary and Singh's help. Then, she really surprised me with even more news — I'm still in shock!

CAN-DO
- ☑ プレゼンでの提案の採否について説明できる
- ☑ 仕事についての思いを熱意をもって伝えられる

　社長に，部屋に来るようにと言われました。我々の提案に対し，経営陣が反対票を投じたのではないかと気をもみました。しかし，素晴らしい知らせでした。すべての提案が満場一致で認められたのです。

　ライス社長はこのプロジェクトに対する私の努力に感謝の意を表してくれました。私は，メアリーとシンの助けなしでは成し得なかったと伝えました。それから，私は社長からもっとすごい知らせを聞き，心底驚きました。まだショック状態です！

Words

436	vote against ~	~に反対の投票をする
437	proposal	提案
438	unanimously	満場一致で
439	be in shock	ショックを受けている

Key Phrase: Ms. Rice thanked me for all my hard work on this project.

ライス社長はこのプロジェクトに対する私の努力に感謝の意を表してくれました。

努力の甲斐あって,直輝たちの提案は認められ,社長から感謝の言葉をもらったようです。部下や同僚をほめる際には,Thank you very much for ～(具体的な内容). と言うことができます。appreciate という動詞を使って,I appreciate ～ . と言えば改まっていて感謝の気持ちがより強く響くことがあります。

例 Thank you very much for your hard work.
(ご尽力いただきありがとうございます。)
I appreciate your commitment to the project.
(このプロジェクトに尽力してくださり感謝します。)

以下のような表現も同僚や部下に使えます。こういった言葉をひと言かけるだけで,まわりの人のモチベーションもあがるはずです。覚えておきましょう。

例 Good work.(よくやった。)
Good job.(よくやった。)
Well done.(よくやった。)
Keep it up.(その調子でがんばって。)
Keep up the good work.(その調子でがんばって。)

Topic 5 プレゼン | Unit 20

Key Phrase: I couldn't have done it without Mary and Singh's help.

メアリーとシンの助けなしでは成し得ませんでした。

社長にほめられた直輝が、メアリーとシンの助けなしではできなかったと、二人の功績をアピールしています。could not have done ... without ~は「~なしでは…できなかった」といういわゆる仮定法の表現です。If it weren't for Mary and Singh, I couldn't have done it. と言い換えることが可能です。直輝のように、credit（手柄、功績）を分かち合えると、信頼関係が深まることでしょう。ここでは、ほめられた際の返答のパターンをいくつか紹介します。日本語だと謙遜することが多いかもしれませんが、英語文化では「ありがとう」と受け入れることが大切です。謙遜する場合も、まずは Thank you. と返しましょう。

例 I'm flattered.（光栄です。）
I'm honored.（光栄です。）
Thank you, but I didn't do anything.
（ありがとう。でも私は何もしてないんですよ。）
I'm happy to hear that.（うれしく思います。）
It's nice of you to say so.
（そう言ってくださってうれしいです。）
Thank you for the compliment.
（おほめいただき、ありがとうございます。）

STEP 2 プレゼンの結果に関する質問に答えられるようになろう

What did you think the president would say?
社長から何を言われると思いましたか。

I thought she had bad news — that the management team voted against us.
悪い知らせかと思いました。経営陣に提案が却下されたかと。

What did she actually say?
打ち合わせは実際には何についてだったのですか。

She gave me great news — they accepted all of our suggestions. I was so happy!
社長が私に素晴らしい知らせを伝えてくださいました。経営陣が提案をすべて認めたということです。うれしかった！

Topic 5 プレゼン | Unit 20

What else did she say?
社長は他にはどんなことを言われましたか。

She said that I've been named "Employee of the Year." It's such an honor. Plus, I'll get a great bonus.
私が「最優秀社員賞」に選ばれたとおっしゃいました。大変光栄です。それにボーナスもいいんですよ。

What did she say that surprised you more?
他にどんな驚くことを言われたんですか。

Well, I'm not ready to tell anyone. I have to call my wife and tell her first. I'm not sure how she'll react…
ええと、まだ誰にも言える状況ではありません。まずは妻に電話して報告しないと。妻がどう受け止めるか、予想がつきません…。

Words

440	be named ~	~に指名される

STEP 3　プレゼンの結果と今後の仕事について会話をつづけられるようになろう

社長室で話をする直輝とライス社長

R: I want to thank you for all your hard work on this project.

このプロジェクトに尽力していただき，ありがとう。

N: Thank you very much, ma'am. This company is very important to me. I want us to stay on top.

ありがとうございます，社長。この会社は私にとって本当に大切ですから。我が社がトップにいられることを願っています。

R: I appreciate your attitude. Well, I'm happy to report that the managers have unanimously accepted all of your suggestions.

その姿勢に感謝します。さて，いい知らせですよ。経営陣は満場一致ですべての提案を承認しました。

N: That's great news!

よかった！

R: Also, we've decided to name you "Employee of the Year." Congratulations!

それから，あなたに「最優秀社員賞」を贈ることが決まりました。おめでとう！

N: Really? That's very kind. But I couldn't have done it without Mary and Singh's help.

本当ですか。ありがとうございます。でもメアリーとシンの助けなしでは成し得ませんでした。

Topic 5 プレゼン | Unit 20

R: Right, but it was also because of your leadership and passion. So, starting next week, you'll be the manager of our Seattle Office. Tell Singh that he'll be taking over your position here.

そうですね。でもあなたのリーダーシップと情熱が可能にしたのです。というわけで、来週から、シアトル支社のマネジャーに就任してください。シンに、あなたのここでの職位を引き継ぐように伝えてください。

N: What? Next week? In America? Me? Singh? I...I don't understand...

ええ？ 来週？ アメリカで？ 私ですか？ シン？ り、理解できません…。

Words

441 attitude	態度, 姿勢
442 passion	情熱
443 take over ~	~を引き継ぐ

英語スピーキング講座 ⑤

英語が口から出てくるようになるには

　大人は，知識や経験が豊富で，頭で論理的に考え，整理する力や学習のための方法を考える力が子どもより勝っています。ですから英語の学習は大人になってからでもけっして遅くはありません。

　しかし，英語スピーキングの力を伸ばすこととなると，専門家の間でも方法が確立しているとは言いがたいのが現状です。

　本書ではその方法を以下のように提示しています。

　①まず，「トピック主義」にもとづき，会話によく登場するトピックを厳選しています。「何について話すのか」「どういう場面で話すのか」「何を達成するために話すのか」ということを絞り込んでいます。本書で扱っているトピックについて，「まずは」話せるようになりましょう，という提案です。何でもかんでも話せるようにしようというのは，土台無理な話です。

　②「何について話すのか」「どういう場面で話すのか」「何を達成するために話すのか」ということをある程度明確にすることで，それらに必要な語句と文のパターンを抽出できます。そして，「モノローグ（一人語り）→質疑応答（１問１答）→想定会話→自由会話」へと活動を深化させていくのです。

　最終的には，この本に出てくる英語を「自分化」するということが大切です。自分にしっくりくる英語で，自分の言葉として語るということです。それも，モノローグ，質疑応答，会話など，さまざまなコミュニケーションの形態で話せるようにしておくのです。そうなれば，少なくとも練習したトピックについては，かなり話せるようになるはずです。ご健闘を祈ります。

INDEX

● *Topic Words*

	あ		ページ
自己紹介	愛情あふれる	loving	38
自己紹介	愛情の深い	devoted	38
自己紹介	愛情深い	affectionate	39
経営	赤字で	be in deficit	151
経営	赤字で	be in the red	151
自己紹介	甘い（必ずしもよい意味でない）	indulgent	38
プレゼン	荒い	rough	159
プレゼン	意義深い	meaningful	166
イベント	移転	relocation	49
出張・視察	うまく	great	106
イベント	うめぼし	pickled plum	72
出張・視察	売上を増やす	increase sales	99
製造・販売	売り場責任者	floor manager	98
プレゼン	営業会議	sales meeting	150
出張・視察	円滑に	smoothly	106
プレゼン	円グラフ	pie graph〔chart〕	158
イベント	オープンカフェ	outdoor cafe	64
会議	おおまかな	general	141
上司	おおらかな	easygoing	125
イベント	おかゆ	rice porridge	72
プレゼン	落ち着いた	calm	159
会社紹介	オペレーションセンター	operations center	15
プレゼン	折れ線グラフ	line graph〔chart〕	158
自己紹介	卸業者	wholesale business	30

	か		ページ
出張・視察	海外出張	overseas business trip	107
イベント	会議	conference	49
イベント	会議，打ち合わせ	meeting	49
出張・視察	会社の価値を高める	increase the value of the company	99
イベント	カウンター席	counter	64
会議	確実な	hard	141

会議	確実な，明確な	concrete	141
プレゼン	確信して	sure	159
スピーチ	革新的な	innovative	56
出張・視察	片付いた，きちんとした	tidy	90
在庫管理	カタログ，一覧表	catalog	82
役職	課長，係長	chief	167
イベント	株主総会	shareholders' meeting	48
スピーチ	頑固な	stubborn	56
配送・輸送	関税，税関	customs	83
出張・視察	完全に，完璧に	perfectly	106
プレゼン	企画会議	planning meeting	150
会社紹介	旗艦店	flagship shop〔store〕	15
経営	危機的な状況で	be in crisis	151
上司	気さくな	frank	125
上司	気さくな	friendly	125
出張・視察	汚い	dirty	90
スピーチ	きちんとした	organized	56
プレゼン	キックオフミーティング，発足会議	kick-off meeting	150
自己紹介	厳しい	strict	38
経営	救済する	bail out	151
経営	（企業などへの）救済措置	bailout	151
会社紹介	急成長している	fast-growing	23
出張・視察	業界で生き残る	survive in the industry	99
上司	協力的な	helpful	125
出張・視察	きれいな	neat	90
自己紹介	銀行業	banking business	30
プレゼン	緊張した	nervous	159
自己紹介	金融業	finance business	30
自己紹介	金融の	financial	14
会議	具体的な	specific	141
プレゼン	グラフ，図式，図表	graph	158
経営	経営難で	be in financial difficulties	151
雇用	契約社員	contract employee〔worker〕	133
業務	契約書	contract	49

INDEX

カテゴリ	日本語	English	ページ
スピーチ	決断力のある	decisive	56
プレゼン	月例会議	monthly meeting	150
会社紹介	研究所	laboratory	15
会議	現金	cash	116
自己紹介	健康保険	health care	14
イベント	研修会	workshop	48
会社紹介	研修所	training center〔institute〕	15
流通	検品	product inspection	91
会議	講演用スライド	presentation slides	132
会社紹介	工場	factory	15
製造・販売	工場作業員	plant worker	98
製造・販売	工場長	factory〔plant〕manager	98
会社紹介	合弁会社を設立する	establish a joint company	22
会社紹介	コールセンター	call center	15
会社紹介	顧客サービスセンター	customer service center	15
製造・販売	顧客担当者	customer representative	98
出張・視察	顧客を幸せにする	make customers happy	99
出張・視察	国内出張	domestic business trip	107
自己紹介	心の広い，寛大な	broad-minded	39
雇用	個人事業主	sole proprietor	133
イベント	ゴルフコンペ	golf competition	48
流通	コンテナ，容器	container	91
プレゼン	混乱した	confused	159

さ			ページ
在庫管理	在庫	backlog	82
役職	最高経営責任者	CEO (Chief Executive Officer)	167
役職	最高財務責任者	CFO (Chief Financial Officer)	167
役職	最高執行責任者	COO (Chief Operating Officer)	167
在庫管理	在庫がある	in stock〔inventory〕	82
在庫管理	在庫がない	out of stock〔inventory〕	82
在庫管理	在庫管理	inventory control	82
在庫管理	在庫調整	inventory adjustment	82
在庫管理	在庫品	stock	82

分類	日本語	English	ページ
雇用	在宅ワーカー	home worker	133
上司	支えになってくれる	supportive	125
イベント	刺身	sliced raw fish	72
会議	参考資料	reference	132
在庫管理	仕入れ，仕入れ商品	purchase	82
イベント	試飲会，試食会	tasting event	48
会議	視覚資料	visual aids	132
会議	時間	time	116
自己紹介	事業，商売，仕事	business	31
会社紹介	事業本部	operational headquarters	15
会議	資金	funds	116
会議	資金，資源	resources	116
自己紹介	仕事（必ずしも営利を求めない）	vocation	31
自己紹介	仕事，職業	career	31
自己紹介	仕事（最も幅広い意味をもつ），職業	work	31
自己紹介	仕事，任務	task	31
会社紹介	支社	branch (office)	15
プレゼン	自信のある，自信に満ちた	confident	159
上司	親しみやすい	approachable	125
会議	実現可能な	achievable	141
経営	（事業などが）失敗する	go under	151
会社紹介	老舗の	time-honored	23
自己紹介	自分のことを自分でできる	self-sufficient	39
自己紹介	社員教育	employee training	14
プレゼン	重役会議	board meeting	150
出張・視察	出張	business trip	107
出張・視察	出張許可	travel permission	107
会社紹介	出張所	local office	15
出張・視察	出張申請書	travel request form	107
出張・視察	出張旅費	travel expenses	107
出張・視察	首尾よく，うまく	successfully	106
会社紹介	主要な，大手の，一流の	leading	23
スピーチ	情熱的な	enthusiastic	56
自己紹介	商品開発	product development	14

INDEX

カテゴリ	日本語	English	ページ
会議	情報	information	116
役職	常務取締役	managing director	167
イベント	しょうゆ	soy sauce	72
イベント	常連客	regular (customer)	64
自己紹介	職業	occupation	31
自己紹介	(専門的な) 職業, 仕事	profession	31
スピーチ	如才ない	tactful	56
会社紹介	知られている	well-known	23
自己紹介	思慮深い	considerate	39
プレゼン	真剣な	serious	159
自己紹介	人事	human resources	14
自己紹介	人道支援	humanitarian aid	14
自己紹介	心配性な	concerned	38
会議	信頼性のある	credible	141
出張・視察	清潔な	clean	90
雇用	正社員	full-timer	133
雇用	正社員	full-time worker	133
雇用	正社員	permanent employee	133
自己紹介	製造業	manufacturing business	30
製造・販売	製造業者	manufacturer	98
在庫管理	製品, 商品	product	82
出張・視察	整理されていない	disorganized	90
プレゼン	説得力のある, 納得させる	convincing	166
プレゼン	説得力のある, 人を引きつける	persuasive	166
プレゼン	戦略会議	strategy meeting	150
自己紹介	洗練された	sophisticated	39
在庫管理	倉庫	warehouse〔storehouse〕	82
イベント	そば	buckwheat noodles	72
スピーチ	尊敬に値する	respectable	56

た			ページ
スピーチ	大胆な	bold	56
プレゼン	台本	script	158
イベント	たくあん	pickled radish	72

185

カテゴリ	日本語	English	ページ
イベント	畳の部屋	tatami (straw-mat) room	64
出張・視察	立ち寄ること	stopover	107
上司	頼れる	dependable	125
プレゼン	力強い	powerful	166
自己紹介	知性のある	intellectual	39
イベント	チャリティイベント	charity event	48
在庫管理	注文書	order form	82
プレゼン	聴衆	audience	158
出張・視察	散らかった	messy	90
出張・視察	散らかった	untidy	90
出張・視察	散らかった，乱れた	cluttered	90
出張・視察	ついでに立ち寄ること	side trip	107
流通	積み荷，貨物	cargo	91
自己紹介	溺愛している	doting	38
プレゼン	的確な	accurate	166
上司	手厳しい	harsh	125
イベント	テラス	terrace	64
製造・販売	店員	shop clerk	98
イベント	展示会	exhibition	48
製造・販売	店長	store manager	98
イベント	電話会議	conference call	49
経営	倒産する	go bust	151
経営	倒産する	go out of business	151
会議	到達可能な	reachable	141
会社紹介	～と合併する	merge with ～	22
会社紹介	～と提携する	tie up with ～	22
役職	取締役社長	president	167
配送・輸送	取引（する），売買（する）	trade	83
イベント	丼もの	one-bowl rice dish	72

な			ページ
会社紹介	長い歴史をもつ	long-established	23
イベント	馴染みの店	favorite (usual) restaurant	64
業務	～に干渉する，～に首を突っ込む	put one's nose into ～	57

INDEX

業務	～に口をはさまない	stay out of ～	57
業務	～に口をはさむ，～に首を突っ込む	meddle in ～	57
業務	～に権限を与える	empower	57
会社紹介	～に参入する	enter〔go, get〕into ～	22
業務	～に相談する	consult with ～	57
業務	～に頼る	turn to ～	57
流通	荷物	package	91
イベント	人気店	popular restaurant	64
自己紹介	年金	pension	14
プレゼン	年次会議	annual meeting	150
自己紹介	農業	agriculture	14
上司	能力のある	capable	125

は			ページ
雇用	パート従業員	part-timer	133
配送・輸送	配送，配達	delivery	83
会議	配布資料	handout	132
プレゼン	激しい，真剣な	intense	159
雇用	派遣社員	temporary worker〔staff〕	133
経営	破産する	go broke	151
経営	破産する，倒産する	go〔become〕bankrupt	151
イベント	はし	chopsticks	72
会議	場所	room	116
配送・輸送	発送，積み荷	shipment	83
出張・視察	日帰り出張	same-day business trip	107
プレゼン	必死の，捨て身の	desperate	159
プレゼン	人を動かす	eloquent	166
出張・視察	評判を確立する	establish our reputation	99
流通	品質管理	quality control	91
流通	品質検査	quality check	91
役職	部長	general manager	167
役職	部長，課長	manager	167
流通	物流	logistics	91
自己紹介	不動産業	real estate business	30

雇用	フリーランス	freelance	133
会社紹介	古い，歴史のある	old	23
プレゼン	無礼な	rude	159
プレゼン	プレゼン	presentation	158
イベント	プレゼンター，発表者	presenter	49
会議	付録資料	appendix	132
プレゼン	ポインター	pointer	158
プレゼン	棒グラフ	bar graph〔chart〕	158
イベント	募金イベント	fund-raising event	48
自己紹介	保険	insurance	14
自己紹介	保険業	insurance business	30

ま			ページ
プレゼン	前向きな	positive	159
出張・視察	まずく，へたに	poorly	106
プレゼン	まずまずの	adequate	166
プレゼン	身構えた	defensive	159
イベント	見本市	trade fair	48
自己紹介	ものわかりのよい，聡明な	sensible	39

や			ページ
役職	役員，取締役	director	167
イベント	薬味，調味料	seasoning	72
自己紹介	野心的な	ambitious	39
スピーチ	やる気のある	motivated	56
配送・輸送	輸出（する）	export	83
配送・輸送	輸送，運搬	transit	83
配送・輸送	輸入（する）	import	83
自己紹介	要求の厳しい	demanding	38
会議	要旨，概要，レジメ	summary	132
出張・視察	よく整備された	well maintained	90
プレゼン	予算会議	budget meeting	150

INDEX

ら			ページ
プレゼン	ランチミーティング	lunch meeting	150
出張・視察	利益をあげる	make a profit	99
自己紹介	立派な，きちんとした	decent	39
流通	流通	circulation	91
イベント	レストランチェーン	restaurant chain	64
自己紹介	労働，仕事	labor	31

わ			ページ
出張・視察	悪く，まずく	badly	106
会議	〜を解決する	fix	117
会議	〜を解決する	resolve	117
会議	〜を解決する	settle	117
会議	〜を解決する	solve	117
会社紹介	〜を専門としている	specialize in 〜	22
会社紹介	〜（事業など）を立ち上げる	launch	22
会社紹介	〜（社内の部門など）を…に分割する	spin off 〜 into ...	22
業務	〜を…に持ちかける	take〔bring〕〜 up with ...	57
業務	〜を…に委ねる	entrust 〜 to ...	57
会議	〜を乗り越える	overcome	117

● Words

あ		ページ
後味	aftertaste	77
ある程度，ちょっと	kind of	50
言うまでもなく	needless to say	103
生き残る	survive	169
一品料理	*a la carte*	63
いらいらする	frustrating	137
受け入れる能力，容量	capacity	87
（程度が）大きな	huge	19
大麦	barley	71
お世辞のうまい，口のうまい	smooth	53
思い切った，極端な	drastic	134

か		ページ
快適な	comfortable	25
学位	degree	137
カジュアルな	casual	47
かつては…したものだった	used to ...	29
過保護な	overprotective	41
からっぽの	empty	111
歓迎される，喜んで受け入れられる	welcome	55
機会	opportunity	75
既成概念にとらわれずに物事を考える	think outside the box	131
厳しい	tough	157
競争力，競争での優位性	competitive edge	165
協力する	cooperate	19
嫌いなもの	dislike	97
気を抜かないでいる	stay sharp	77
口を差しはさむ，おせっかいをやく	butt in	55
経験	experience	43
計算が合う	add up	131
（否定文で）決して	definitely	50

INDEX

欠点	flaw	111
懸念，心配	concern	81
現在の	present	165
現代的な	modern	27
効果がある	effective	157
小売業者	retailer	13
合理的な，筋の通った	legitimate	85
顧客	client	13
個人的には	personally	74
この頃，近頃は	these days	47
怖がって	scared	29

さ		ページ
最終的な	ultimate	97
最新式の	up-to-date	21
さつまいも	sweet potato	71
さまざまな〜	a variety of 〜	71
仕方がない，どうしようもない	I can't help it.	59
自主性のある	independent	37
実際の	actual	95
自動的に	automatically	101
重機	heavy machinery	111
従業員	employee	13
熟達した，熟練した	accomplished	59
証拠	evidence	163
冗談好きな人	joker	137
情熱	passion	179
情熱的な	passionate	157
ショックを受けている	be in shock	173
人的資源，人員	manpower	95
信頼できる	reliable	139
推薦	recommendation	163
数字	figure	121
素晴らしい	fantastic	63

日本語	English	ページ
…することになっている	be supposed to ...	119
…するのを楽しみにする	look forward to ...ing	61
…するように設計されている	be designed to ...	93
政策，方針	policy	29
世界遺産	World Heritage Site	105
責任，落ち度	fault	126
専門家	specialist	13
壮大な	magnificent	105
総量	amount	97
率直なところ	frankly speaking	171
その上	besides	29

た		ページ
退職する	retire	29
態度，姿勢	attitude	179
大統領の	presidential	163
注目に値する	remarkable	35
提案	proposal	173
手があいている，忙しくない	available	87
適応，適合	adjustment	33
〜で締めくくる	finish up with 〜	81
電化製品	electronic goods	21
伝統的な	traditional	47
〜と言えば	speaking of 〜	87
豆乳	soy milk	63
同僚	colleague	50
同僚	co-worker	47
〜と思う，〜と疑う	suspect	115

な		ページ
中でも，何よりも	above all	157
仲よくする	get along	69
…なのだろうか	I wonder if ...	53
〜に感銘を受ける	be impressed with 〜	27

INDEX

日本語	English	ページ
～に指名される	be named ～	177
～に対処する	handle	81
～に対処する	tackle	119
～について…と検討する	take ～ up with ...	95
～に抵抗する	resist	71
～に慣れる	get used to ～	25
～に反対の投票をする	vote against ～	173
任務, 業務	assignment	17
～の経過を追う	keep track of ～	92
～の計算を誤る	miscalculate	123
～の２倍速い	twice as fast as ～	21
～の方を好む	prefer	51
～の面倒をみる	take care of ～	43

は		ページ
発送, 配送	shipping	81
～はどうだろう, ～はいかが	How about ～?	53
パラリーガル（弁護士の助手）	paralegal	37
反応	reaction	118
ビデオ会議	video conference	119
ひどく悪い	terrible	59
表紙	cover	137
腹部	belly	71
沸騰している	boiling	63
雰囲気	atmosphere	53
分析	analysis	155
平均	average	35
法律事務所	law firm	37
ほっとした, 安心した	relieved	168
本題に入る	get right down to business	103

ま		ページ
マサチューセッツ工科大学	MIT	137
全く, 完全に	absolutely	69

193

| 満場一致で | unanimously | 173 |
| 満足 | satisfaction | 97 |

や

		ページ
休む	rest	27
勇気	courage	32
優先度の高いもの	priority	40
予定，議題	agenda	17

ら

		ページ
ラベル付け	labeling	89
利益になる	profitable	165
理解できる	understandable	87
流通	distribution	81
旅程，旅行プラン	itinerary	85
論理的な	logical	157

わ

		ページ
〜をありがたく思う	appreciate	103
〜（責任など）を（人に）委任する	delegate	55
〜を選ぶ	go for 〜	71
〜を覚える，〜を記憶する	memorize	134
〜を思いつく	come up with 〜	115
〜を拡大する	expand	103
〜を確保する	secure	123
〜をからかう	make fun of 〜	111
〜を考え出す	figure out 〜	108
〜を期待する	count on 〜	19
〜を強調する	emphasize	149
〜を計算する	calculate	153
〜を恋しく思う	miss	58
〜を交換する	replace	21
〜を再考する	reconsider	121
〜をさっと見る	take a quick tour of 〜	105

INDEX

〜を実行する	implement	149
〜を指摘する	point out 〜	115
〜を自動化する	automate	95
〜を招待する	invite	47
〜を証明する	prove	163
〜を推薦する	recommend	74
〜を説得する	persuade	123
〜を専攻する	major in 〜	37
〜を代表して	on behalf of 〜	61
〜を大量に計算する	crunch	145
〜を提案する〔勧める〕	suggest	47
〜を提供する	provide	67
〜を投資する	invest	129
〜を引き継ぐ	take over 〜	179
〜を引きつける	attract	97
〜を描写する	describe	59
〜を含む	include	21
〜を保管する	store	115
〜を設ける	set up 〜	87
〜をやり直す	redo	131
〜を予測する	anticipate	169
〜を録画する	record	161
〜をわきへ置く	put 〜 aside	19

MEMO

MEMO

MEMO

【音声吹き込み】　Josh Keller（アメリカ）
　　　　　　　　Hanna Grace（アメリカ）
　　　　　　　　Matthew Masaru Barron（アメリカ）

会話がつづく！ 英語トピックスピーキング
Story 2 英語で仕事！編

初版第1刷発行	2014年5月20日
監修者・著者	松本茂
著者	Robert Gaynor，今泉真紀
英文校閲	Hanna Tonegawa
発行人	藤井孝昭
発行	株式会社 Ｚ会ＣＡ
発売	株式会社 Ｚ会 〒411-0943　静岡県駿東郡長泉町下土狩105-17 TEL 055-976-9095 http://www.zkai.co.jp/books/
装丁	Concent, inc.
イラスト	今井夏子
録音・編集	一般財団法人 英語教育協議会（ELEC）
印刷・製本	図書印刷株式会社

© 松本茂 2014　★無断で複写・複製することを禁じます
定価はカバーに表示してあります
乱丁・落丁はお取り替えいたします
ISBN978-4-86290-139-2 C0082